Introduction to Ethics through Robots

久木田水生・神崎宣次・佐々木拓【著】
Minao Kukita　Nobutsugu Kanzaki　Taku Sasaki

ロボットからの倫理学入門

名古屋大学出版会

はじめに

本書のねらい

　本書のねらいは二つあります．ひとつは倫理学に初めて触れる読者を対象に，ロボットを通じて人間の倫理・道徳について考えてもらうことです[1]．もうひとつは，ロボットや人工知能（AI）に携わる人びと（研究者，メーカー，ユーザーなど）が，関連する倫理的問題について考え議論するための土台を提供することです．

　近年のロボットや人工知能の発展は著しく，それらが社会に浸透してくるにつれて，考えなければならない新しい倫理的問題が生じています．またすでにあった問題がさらに深刻さを増しているというケースもあります．ロボットによって大量に収集されるプライベートな情報の取り扱いをどうするか，心のないロボットに人間を「ケア」させることは欺瞞的ではないのか，自律的な判断に基づいて人間を殺傷する兵器ロボットには倫理的な問題はないのか，ロボットによって大量の失業がもたらされることになったら社会はその事態にどう対処するべきか，といった問題です．これらの問題はほんの数年前ならば非現実的なSFの中のお話と思われたでしょう．しかし本書において明らかにされるように，これらの問題は現実的で真剣な検討を要し，そして実際に国際的かつ学際的に取り組まれているものです．さらに本書ではこういった具体的かつ現実的な問題の前に，より抽象的で，より根本的な問題も扱います．それは大きく言えば「機械は道徳的存在になりうるか」という問題です．

　そもそも私たちがこのような本を書こうと思ったのは，ロボット工学や人

---

1) 本書では「倫理」と「道徳」という言葉をとくに区別せずに使います．

工知能[2]の発展は，機械が道徳的な存在者とみなされる可能性を無視することができない段階に達していると考えたからです．単なる思考実験としてではなく，実際に作られているものや，それを使ってみた結果，またそれに対する社会の反応などを参照しながら「機械の道徳性」という問題に取り組むことができる時代となりました．

ここで20世紀にロボット工学・人工知能に関して起こったことをふり返ってみましょう．

現実に作られているロボットや人工知能は多くの場合，人間の仕事を代行するために作られており，そのため何らかの点で人間に似ています．しかしながら人間にはできて機械にさせることは難しい仕事もあります．そういった仕事を機械にうまく遂行させるにはどうしたらいいかを考えること，そして実際に作られた機械の振る舞いと実際の人間の振る舞いを比較することは，私たちが人間についてよりよく理解する助けになりました．「知的に考え振る舞う機械」を作る試みが，人間の知能（あるいは他の生物の知能）についての理解を大いに前進させたのです．実際，20世紀の認知科学・心の哲学の発展は人工知能・ロボット工学の発展と切り離して考えることができません．

そして今日，自律的に活動するロボットや人工知能が社会のさまざまな領域で活躍するようになりました．しかしそれに伴い，それらが私たちに何らかの危害を加えるかもしれないという危惧が高まっています．そのため人工知能研究者・ロボット工学者の中には，「道徳的に考え振る舞う機械」を開発しようとしている人たちがいます．この試みはロボットや人工知能を開発する人びとにとって実用的な重要性を持つと同時に，哲学・倫理学の研究者にとっても興味深いものです．というのもそれは，「道徳性とは何か」という問いに取り組むための新しいアプローチを提供するからです．「道徳的な

---

[2] 「人工知能」という語は，知的に振る舞う人工的なシステムという意味で使われる場合と，そのようなシステムの研究開発を行う分野という意味で使われる場合があります．ここでは後者の意味で使われています．

機械はいかにして可能か」，あるいは「そもそも機械は道徳的になりうるか」と問いかけることで，私たちは従来とは異なる視点から人間の道徳性について考えることができます．つまり，「道徳的に考え振る舞う機械」を作る試みが，人間の道徳性についての理解を大いに前進させることになりうるのです．

またロボットが姿や振る舞いにおいて人間や動物に近づくに従って，それらの扱い方も考え直す必要が出てくるかもしれません．実際古くなったペット・ロボットを廃棄する時に葬儀を行う人たちもいます．彼らにとってロボットは単なる機械ではありません．現在のロボットは一般的には道徳的配慮の対象とはみなされませんが，社会の多くの人が「ロボットにも道徳的配慮が必要だ」と考えるようになる可能性はあるのでしょうか？　それはロボットがどのような特徴を備えた時でしょうか？　「道徳的配慮の対象が満たすべき条件は何か」というのは倫理学における重要な問題ですが，ここでもまた私たちは従来と異なる視点から重要な問いに向き合うことができるのです．

本書の内容

本書の第 I 部では，どちらかというと抽象的な問題に取り組みます．そこでは「道徳性を持つロボットを作るにはどうしたらよいか」を考えることで「道徳性」の本質にアプローチします．「道徳的なロボット」が開発されるとき，道徳性のメカニズムについての何らかのモデルがそこでは前提されています．それらのロボットがどれだけ私たちの道徳性をとらえているか，それらの実現にどのような困難があるかを考えることは，その前提がどれだけ妥当であるかのテストになります．このアプローチによって，より具体的には「道徳的なロボットとはどういうものか」，「道徳的原理を機械に実装するにはどうすればよいか」，「機械は責任の主体になることができるか」，「ロボットは道徳的な配慮の対象になりうるか」といった問題が扱われ，そこから「道徳的行為者性」，「道徳的原理」，「責任」，「道徳的被行為者性」などの概念が検討されます．

本書の第 II 部ではより具体的な問題，すなわちロボットや人工知能に関して生じる（生じうる）倫理的な問題を扱います．ここではロボット技術という言葉を広く取り，人の形をしたロボット（アンドロイド）はもとより，遠隔操作される機械，人工知能などのソフトウェアエージェント，IoT，機械式・電子式装具などもロボット技術の一部と考えます．現在こういった技術が医療や軍事など私たちの健康や生死に直接かかわる領域や，オフィスワークや家事，通信，交通，娯楽など私たちの日常生活に密接にかかわる領域において応用されています．そしてさまざまな機器が，時として私たちの意識に上らない仕方で，私たちの情報を取得し，私たちの行動を記録し，そして私たちの認識や意志決定に介入しています．ここではこれまで存在しなかった種々の深刻な倫理的問題が生じる可能性，あるいはすでに存在する倫理的問題がさらに先鋭化して現れる可能性があります．たとえば身の回りの機械によって収集された個人情報とプライバシーをどう扱うべきか，ケア・ロボットやコンパニオン・ロボットなどがコミュニケーションのあり方や人間関係にどのような影響を与えるのか，自律的ロボット兵器や遠隔操作兵器は通常兵器と比べてより大きな倫理的問題を含んでいるのか，ロボットが人間の仕事を奪う時にどのような社会システムが望ましいのかなど，緊急に考えなければならないさまざまな倫理的問題があります．ここではそういった問題のいくつかを取り上げて論じます．

倫理学という学問について少しだけ

上述のように，本書は倫理学に初めて触れる読者を対象にしています．そこで倫理学というのがどのような学問であるのかについて，簡単に説明しておきます．

倫理学の最も顕著な特徴は，それが「地球は丸い」というような「事実」を扱うのではなく，「道徳的な良さ」といったような「価値」を中心的なテーマとして扱うということです．より具体的に言うと，倫理学はたとえば「道徳的に良い行い」とはどのようなものかを論じます．その時に個別的な

事例についてどうこう言うのではなく，いかなる一般的な原理のもとで個々の事例における判断が導かれるのかに焦点を当てます．

　この問題に取り組むのに，いくつかの異なるアプローチがあります．ひとつは，社会でこれまで何が良い行いとされてきたのかを探求するアプローチです．このような方法は「記述倫理学」と呼ばれます．ただしこれはどちらかというと「価値」そのものではなく，それらを人間がどう考えてきたかという「事実」を扱うもので，倫理学というよりも歴史学や人類学のアプローチと言えます．もうひとつは，何が良いことと考えられているか（考えられてきたか）ということとは独立に，何が私たちにとって本当に良いことなのかを考える，というアプローチです．これは「規範倫理学」と呼ばれています．一般的に「倫理学」という言葉で連想されるのはこちらかもしれません．さらに倫理学者はもう一歩踏み込んで，そもそも「道徳的な良さ」や「義務」などの概念の本質はいかなるものか，私たちが道徳的な判断を表明する時，そこでは何が意味されているのか，といったことを論じることもあります．このようなアプローチは「メタ倫理学」と呼ばれています．先ほど，倫理学は「事実」ではなく「価値」を扱うと書きましたが，「価値」が本当に「事実」とは独立なのか，といったこともメタ倫理学の問題です．ただしこれら三つのアプローチを厳密に区別することは難しく，実際に倫理学に従事している人びとは大抵の場合，これらのアプローチを何らかの仕方で組み合わせて研究・論考を行っていると言ってよいと思います．

　また倫理学の中には応用倫理学という下位分野があります．頭書のない無印の倫理学が，特定の領域に限定されずに一般的に「するべきこと」や「するべきでないこと」，そしてその根拠などを論じる一方で，応用倫理学は特定の領域において同様の問題を論じます．応用倫理学にはそれが対象とする領域に応じて，生命倫理学，医療倫理学，ケア倫理学，技術倫理学，情報倫理学，戦争倫理学，環境倫理学などの多様な分野があります．一般に，それまでに存在しなかった技術が生まれ実用化される時（とくに専門家だけではなく一般市民がその技術の恩恵と危害を直接的に被るほどにその技術が浸透した

時）には，従来の倫理規範では対処のできない問題が生じることがしばしばあります．たとえば代理出産が可能になった時，生まれた子どもの親になる権利および責任は卵子を提供した者にあるのか，それとも子宮を提供した者にあるのかという難しい問題が生じました．従来の倫理規範はこのような時，行動の指針を与えてくれません．そこで私たちには新しい倫理規範が必要になります．その時，単に新しく生じた問題に対してそのつど場当たり的に新しい決まりを作るのではなく，既存の倫理体系・倫理的原理とできる限り整合的な仕方で新しい問題に対する解決を見出していくのが，応用倫理学者の仕事と言えるでしょう．本書の第 II 部では第 I 部の議論を踏まえながら，ロボットや人工知能に関連して生じている応用倫理学的諸問題を取り扱います．

　倫理学の扱う問題は幅広く，また人間や社会の最も根源的な問題でもあります．本書で扱うのはそのほんの一端に過ぎません．それでも皆さんが倫理学に興味を持つきっかけを本書が提供できれば嬉しく思います．また機械をどのようなものとして受け入れるかということは，現代の社会において重要な倫理的課題であると私たちは考えています．本書がロボットや人工知能に関する倫理的な問題について議論する際の参考になれば幸いです．

目　次

はじめに　i

I　ロボットから倫理を考える

第 1 章　機械の中の道徳 …………………………………… 3
　　　　　──道徳的であるとはそもそもどういうことかを考える

1-1　アシモフのロボット工学三原則　4
1-2　倫理はプログラム可能か？　7
1-3　道徳と感情　14
1-4　機械化された道徳は道徳なのか？　17
1-5　おわりに　20

第 2 章　葛藤するロボット ………………………………… 23
　　　　　──倫理学の主要な立場について考える

2-1　まず倫理に含めないものを除外しよう　24
2-2　倫理学を三つに分ける　25
2-3　規範倫理学の主要な二つの立場：帰結主義（功利主義）と義務論　27
2-4　功利主義　29
2-5　義務論　38
2-6　第三の立場：徳倫理学　43
2-7　おわりに　49

第3章　私のせいではない，ロボットのせいだ ………… 51
　　　　――道徳的行為者性と責任について考える

3-1　「ロボットに責任を帰属する」とは？　53
3-2　ロボットも責任主体になれるかも？：両立論の考え　60
3-3　人は自己形成をコントロールできない：非両立論の考え　69
3-4　ロボットへの帰責は可能か？　77
3-5　おわりに　82

第4章　この映画の撮影で虐待されたロボットはいません ‥ 83
　　　　――道徳的被行為者性について考える

4-1　道徳的被行為者とは　85
4-2　道徳的被行為者としての人間　89
4-3　道徳的被行為者の範囲は？　91
4-4　ロボットを道徳的被行為者とみなす必要性はあるか？　97
4-5　おわりに　99

II　ロボットの倫理を考える

第5章　AIと誠 ………………………………………… 105
　　　　――ソーシャル・ロボットについて考える

5-1　ソーシャル・ロボットの普及　105
5-2　まやかしの関係？　108
5-3　ソーシャル・ロボットはユーザーを欺いていると言えるのか？　110
5-4　うそも方便　111
5-5　ソーシャル・ロボットが社会に与える影響　114
5-6　おわりに　118

第6章　壁にマイクあり障子にカメラあり ………………… 119
　　　　　――ロボット社会のプライバシー問題について考える

6-1　ロボット利用に伴うプライバシー問題　119
6-2　プライバシー権とは　122
6-3　プライバシーの価値と情報化時代のプライバシー理論　127
6-4　ロボット共生社会における情報プライバシー　140
6-5　おわりに　144

第7章　良いも悪いもリモコン次第？ ………………… 147
　　　　　――兵器としてのロボットについて考える

7-1　遠隔操作型兵器から自律型兵器へ　147
7-2　戦争にも倫理はある　150
7-3　自律型兵器をめぐる賛否両論　152
7-4　兵器開発競争への懸念　158
7-5　戦争の生態系　162
7-6　おわりに　165

第8章　はたらくロボット ………………… 167
　　　　　――近未来の労働のあり方について考える

8-1　創作物における「はたらくロボット」　167
8-2　機械はなんでもできる　168
8-3　技術的失業と機械との競争　171
8-4　社会的な影響と対策　172
8-5　悪いことだけなのか？　175
8-6　ロボットにできるからといってロボットに任せたいとは限らない　176
8-7　労働者としてのロボットの責任と権利　178
8-8　おわりに　180

あとがき　181
索　　引　185

I

ロボットから倫理を考える

第1章

機械の中の道徳
―― 道徳的であるとはそもそもどういうことかを考える

　この章では「機械は道徳的になりうるのか」というそもそもの問いを扱います．10年前ならばこの問いは空理空論の思考実験と思われたかもしれません．しかしながら現在，道徳的に判断し行動する人工知能やロボットの研究開発が実際に行われています．したがってこの問いは理論的な思考実験にとどまらず，私たちが生きる現実の世界における現実的な問いになっています．この章で私たちは道徳性を機械によって実現する実際の試みを参照しながら，上記の問題について考えたいと思います．

　ところで「道徳的」という言葉には異なる二つの意味があります．ひとつは「道徳的な観点で評価することが適切」という意味です．もうひとつは「道徳という次元で考えて肯定的に評価できる」という意味です．たとえば「科学は道徳的な営みなのか」という場合は前者の意味で，「あの人は大変に道徳的な人だ」という時には後者の意味で使っています．いささか煩雑ではありますが，この二つの混同を避けるために後者の意味で使う時は「道徳的に良い」という言葉を使うことにします．したがって「機械は道徳的になりうるのか」という問いは，「機械は道徳的な観点で評価できるのか」ということを問題にしているということになります．

　道徳的評価は特定の判断や行為に対して下されることもあれば，判断・行為をする主体自身に下されることもあります．ここで注意しなければならないのは，ある行為が道徳的に評価できるからといって，その行為の主体も道

徳的に評価できるとは限らないということです．たとえば私たちは幼児にある特定の道徳的な振る舞いをするように教えることができます．人に何かしてもらったらお礼を言うというようにです．しかしだからといってこのような振る舞いを覚えた幼児自身を道徳的観点から称賛するのが適切かどうかというと，それは別の問題です．つまり，道徳的に良い振る舞いをする可能性をもつことは，道徳的であるための十分条件ではありません．しかしそれは必要条件ではあるでしょう．そもそも道徳的に良いあるいは悪い振る舞いを取りえないもの（たとえば石ころのようなもの）は，道徳的な評価に値しないことは確かです（この点はさらに第3章で詳しく論じられます）．したがって道徳的なロボットを作るという試みは，まずロボットに「道徳的に良い」とみなせるような判断や行為を行わせることから始まります．

以下で私たちはまず，道徳的に良い判断を下す，あるいは道徳的に良い振る舞いをする機械（「人工道徳的行為者」とここでは呼びましょう）を作ることがどのような困難を持つかを考えます．それから仮に道徳的に良い振る舞いをする機械が作れたとして，それが本当に道徳的と言えるのかどうかを考えます．

1-1　アシモフのロボット工学三原則

道徳的機械の可能性について考える上で，アシモフの『わたしはロボット (I, Robot)』およびその後に書かれた一連のシリーズ作品は，さまざまな示唆を与えてくれます．SF 小説の古典中の古典であり，また稀有な「心理」ミステリーとしても優れた本シリーズですが，ロボット倫理学に関する必読文献でもあります．

この作品で描かれる世界では US ロボット社が開発した優秀なロボットたちが活躍し，彼らのサポートのおかげで人間は宇宙にも進出していくことが可能になっています．しかし人びとはロボットが人間に害をなすのではない

かという強い警戒心を抱いており，ロボットが一般の人びとの近くで活動することを好みません．そのためにロボットが使用される場面はおもに地球外に限られています．USロボット社はロボットが安全かつ有用であることを保証し，人々のロボットに対する警戒心を払拭するために，ロボットたちに次の「三原則」を組み込んでいます．

　一．ロボットは人間に危害を加えてはならない．また何も手を下さずに人間が危害を受けるのを黙視していてはならない．
　二．ロボットは人間の命令に従わなくてはならない．ただし第一原則に反する命令はその限りではない．
　三．ロボットは自らの存在を護らなくてはならない．ただしそれは第一，第二原則に違反しない場合に限る[1]．

　アシモフのロボット・シリーズの諸作品では，基本的にすべてのロボットにこの原則が組み込まれており，ロボットがそれらを破ることも第三者が解除することもできないということが前提になっています（ただし例外もあります）．そのために作品中ではロボットが人間にとって深刻な脅威になるという状況はめったにありません．むしろ三原則によって安全が保たれているにもかかわらず，保守的な人間たちは不合理な「フランケンシュタイン・コンプレックス」（アシモフの造語で，ロボットなどのテクノロジーの産物に対する根拠のない嫌悪や恐れ）に捕らわれているためにロボットを必要以上に警戒しています．そのせいでロボットが人間社会の中に浸透することができないことがロボット開発者とメーカーにとっては悩みの種になっています．ロボットがどうすれば人間の社会に溶け込めるかというのも，このシリーズを通して問われるテーマのひとつです．

　このロボット工学三原則は，人間の守るべき倫理規範としてもある程度通

---

1) アイザック・アシモフ著，伊藤哲訳『わたしはロボット』東京創元社，創元SF文庫，1976年，p. 8.

用するように思われます．このことは『わたしはロボット』の中の「証拠」というエピソードでも述べられています．このエピソードの中で，市長選挙に立候補したバイアーリーという人物に対して実はロボットではないのかという疑惑が持たれます．バイアーリーがロボットであることを示す証拠を見つけるように依頼された「ロボット心理学者」のスーザン・カルヴィン博士は次のように言います．バイアーリーがロボット工学三原則に反するような行動をとった場合（すなわち人を傷つけたり，人の命令に従わなかったりした場合）には彼がロボットではないことが直ちに明らかになるが，彼が三原則のすべてを守っているからといって彼がロボットであるという証拠にはならない．バイアーリーが三原則に従っている場合，彼はロボットかもしれないし，あるいはきわめて「善良」な人間であるかもしれない．なぜなら倫理的な人間は他人を傷つけるような振る舞いはせず（第一原則），人の望むように行動し（第二原則），そしてまたできる限りは自分を傷つけないように気をつける（第三原則）ものだからです．また同書の中の「避けられた抗争」というエピソードでは，バイアーリーが世界経済をコントロールしているコンピュータを「圧倒的なロボット工学の第一原則の力により，心底から善良な人間性を持った機械」と呼びます．

　これらのエピソードからは興味深い論点を抽出することができます．それは「倫理的原理に従う」ことと「道徳的に良い振る舞いをする」ことと「道徳的に良い」ことの関係です．アシモフの作品中のカルヴィン博士は，三原則に従っているロボットはきわめて善良な人間と区別がつかない，と言います．すなわち「倫理的原理に従う」ことで「道徳的に良く振る舞う」ことが可能になる，ということです．さらにバイアーリーは第一原則によって機械が「心底から善良な人間性」を持つとさえ言います．これは「倫理的原理に従う」ことが振る舞いのみならず真に「道徳的に良い」ことをも実現するということです．以下でこれらの考えの妥当性を検討していきたいと思います．

1-2 倫理はプログラム可能か？

(1) 三原則は完全ではない

　本当に三原則はそれに従う行為者を振る舞いの上で，十分に道徳的に良いものにするのでしょうか？　たしかにアシモフのロボットたちは人間にとって深刻な脅威になるような行動を起こすことはほとんどありません．しかし物語の中でロボットたちは，他ならぬ三原則が原因となってしばしば機能不全を起こします．アシモフのロボット・シリーズのひとつの定型は，ロボットが奇怪な行動を取るのが観察され，しかし後にはそういった行動がロボットたちが特定の状況において三原則に従った結果であることが明らかになる，というものです．

　なぜそのようなことが起こるのでしょうか．実はこの三原則を実際の状況に適用しようとしても，どのように行動すればよいのかそれほど明確ではないということがしばしばあるのです．三原則の間には優先順位が付けられてはいますが，これは必ずしも絶対的なものではありません．第二原則（人間の命令に従え）は第三原則（自分の身を守れ）に優先するとはいえ，それほど重要性・緊急性のない命令のために，自分の体が大破してしまうような事態は避ける方がやはり望ましいのです．また同じ原則同士が衝突することもあります．たとえば一人の人間に危害が降りかかることを防ごうと思うと，別の人間に危害が降りかかることを許さなければならないというような状況です．どちらの人間を助けてもロボットは第一原則（人間に危害が及ぶのを見すごしてはならない）を破ることになります．

(2) 論理的アプローチとその限界

　このように三原則はそれだけでは倫理的に適切な行動を導くのに不十分で

す．ではどうすればよいのでしょうか．原則をもっと増やして，いろいろな付則もつけて，あらゆる状況に対処できるようにすればこの問題は克服できるのでしょうか．それとも何か別な種類の意思決定メカニズムを実装するべきなのでしょうか．この問題は前世紀において人工知能に関してひとつの焦点となっていた論点と密接にかかわります．それは「計算する知性」と「計算しない知性」という論点です．初期の人工知能のパラダイムは人間が行っている推論や計算という知的行為の背後にある規則を明示化し，それをプログラムとして機械に与え実行させるというものでした．このようなパラダイムを「論理的アプローチ」と呼ぶことにしましょう．しかし実際に論理的アプローチを現実世界の問題に適用するのは容易ではありません．この現実は無限の複雑さと曖昧さと未知のファクターで溢れています．そういったファクターの中で，考慮するべき重要なものとそうでないものを区別させることが論理的アプローチではきわめて困難です．この問題は「フレーム問題」と呼ばれています．

このような問題は人工道徳的行為者の開発においても生じることでしょう．実際，非常にシンプルな「倫理的」ロボットを使って，アシモフ的ロボットが陥るジレンマを再現した実験があります．西イングランド大学のアラン・F・T・ウィンフィールドらが2014年に行った実験です[2]．この実験では二種類，三体のロボットが用いられました．人間の役割を果たすロボットHおよびロボットH2，HとH2を助ける役割のロボットA（AはAsimovにちなむ）です．ロボットたちが動くフィールドの上には危険区域として指定されたエリアがあり，それはロボットHとロボットH2には認識できず，ロボットAだけが認識できるようになっています．ロボットAは外界についての情報に基づいて自分の行為の結果を予測することができ，またその結果が

---

2) Winfield, Alan F. T., Blum, C. and Liu, W., Towards an ethical robot: Internal models, consequences and ethical action selection. In *Advances in Autonomous Robotic Systems*, M. Mistry et al. (eds.), Springer, 2014, pp. 85–96.

望ましいかどうかを評価することができます．ロボット A にはフィールドを移動して決められた地点に到達することが目標として設定してあります．また自身が危険区域に入らないように，そして他のロボットが危険区域に入っていくのを阻止するようにプログラムされています．

　三種類の実験が行われました．最初の実験ではロボット A だけが使われ，ロボット A は危険区域を避けて目的地に着くことができました．第二の実験ではロボット A とロボット H が使われました．ロボット A が目的地を目指して移動する間，ロボット H は危険区域へと向かいます．ロボット A は首尾よくロボット H の進路へと入りそれが危険区域に侵入することを防ぐことができました．第三の実験ではロボット A とロボット H とロボット H2 が使われ，ロボット H とロボット H2 が同時に危険区域に向かいました．何度も繰り返された試行においてロボット A はしばしば一方の（より近い位置にあった）H 型のロボットを救うことができ，時には両方を救うこともできました．しかしおよそ半数の試行においてロボット A はどちらを助ければよいのか判断できず，二体ともが危険区域に入っていくのを見すごしてしまいました．この実験は論理的アプローチによって道徳的に判断し行動するロボットを作ることの難しさの一端を物語っています．

　ではこの問題は論理的アプローチの本質的な困難を示唆しているのでしょうか．それとも単に技術を洗練させれば解決できる問題なのでしょうか．知能全般について言えば，人工知能の分野においては，論理的アプローチには本質的な限界があるという認識が一般的になっています．しかしそれは論理的アプローチでは知能的な振る舞いは実現できないということではなく，知能とは論理的アプローチで実現できるものだけではなく，もっと多様なものだと考えられるようになったということです．数学的な計算や論理的推論，文字データや数値データの処理などに関しては論理的アプローチが最も効率的です．西洋哲学の文脈では，伝統的にこのような活動が知的活動の典型的なものと考えられてきました．人間を，身体と精神というまったく別個の本質を持った二つの実体からなっているものとみなす考え方を心身二元論と言

い，たとえばフランスの 17 世紀の哲学者，ルネ・デカルトがその主唱者のひとりです．一般に二元論者は身体よりも精神を人間にとって本質的なものと考えます．したがって彼らは感覚や運動などの身体に由来する活動よりも，思考・思惟という精神に由来する活動を重視します．そこから抽象的で普遍的，身体とは独立で感覚に惑わされない透明な「知性」あるいは「理性」というイメージが生じます．このような理性を重んじる立場は「合理主義」と呼ばれます．人工知能の初期のパラダイムはこのような二元論と合理主義の伝統に影響されたものだったと思います．人工知能研究者のテリー・ウィノグラードはこのパラダイムを「合理主義的オリエンテーション」と呼んでいます[3]．

しかしこのアプローチでは遂行困難なタスクがあります．たとえば多数の知覚データの中から一定のパターンを読み取ったり，移動する物体を追いかけたりするような課題に対して論理的アプローチは絶望的に不向きです．より幅広い場面で応用可能な人工知能を開発するには，論理的アプローチとは異なる方法論が必要になります．そのため 1970 年代から人工知能は論理的アプローチを超えて，脳の中でのニューロンの活動を模倣する，進化のプロセスを模倣する，物理的環境との力学的な相互作用を利用するなど，異なるさまざまな方法論を生み出しました．それとともに知能とは，身体とは別個の純粋な精神的実体に属するものばかりではなく，現実世界のさまざまな課題に対処するための多種多様な問題解決能力を含むものだと考えられるようになります．ここで私たちが問いたいのは，果たして道徳はどのような種類の知的活動なのか，ということです．それはここに挙げたどれか，あるいはそれらのいくつかの組み合わせによって実現されるものなのか，それとも何かまた別なアプローチを要求するようなものなのか，あるいはそもそも機械

---

[3] テリー・ウィノグラード／フェルナンド・フローレス著，平賀譲訳『コンピュータと認知を理解する——人工知能の限界と新しい設計理念』産業図書，1989 年 (Winograd, Terry and Flores, Fernando, *Understanding Conputers and Cognition : A New Foundation for Design.* Addison-Wesley Professional, 1987).

に実現することができないものなのか．

(3) 倫理は計算可能なのか？

　西洋の倫理学・道徳哲学の伝統においては，倫理は上述の伝統的な意味での知性，あるいは理性に基づくという考えがひとつの主流をなしています．道徳は野蛮な獣性の対極にあるものであり，そして他の動物と人間とは理性の所有によって最もよく区別される．したがって道徳は理性に基づくと考えることができる，というのはひとつの筋の通った考え方です．このようにして行為者が正しい行為の一般的な規準と自分の置かれた状況を適切に理解しており，かつ十分な思考能力を有しているならば，その行為者は適切な判断を下すことができるという，合理主義的オリエンテーションの道徳バージョンができ上がります．あたかも論理的な証明を行うように，あるいは機械的な計算を行うように，倫理的規則から正しい行為が導き出せるというわけです．

　もし道徳というのがそのようなものであるならば，機械にそれを代行させて「人工道徳」を作り上げることもそれほど困難ではないように思われます．しかし私たちは普段，あらゆる倫理的ジレンマの状況において何かの規則に従って判断をしているということは，疑わしく思えます．たとえば年上の子どもが遊んでいるおもちゃを年下の子どもが欲しがっている時，私たちは年上の子どもに「あなたは年上なのだから貸してあげなさい」と言うべきか，あるいは年下の子どもに「それはあなたのものではないのだから我慢しなさい」と言うべきか．このような状況において常に正しい判断を導くための一般的な原則などあるのでしょうか？　子どもの年齢や子どもの成熟度合いなどの細かい条件を加味すればそのような原則ができるのでしょうか？　「機械倫理」（倫理的判断と行動のためのメカニズムを機械に実装するプロジェクト）の主導者の一人である，スーザン・L・アンダーソンは実際にそのように考えています[4]．機械倫理では「倫理的ジレンマは原理的に計算可能[5]である」

ということが前提されている，と彼女は説明します．人工道徳を開発することを試みている他の研究者たちも，アンダーソンらと同様に，何らかの規則ベースの推論システム——何らかの決まった倫理原則を内部に持ち，眼の前の状況にそれを適応して推論を行うシステム——を念頭においています．

ただしアンダーソンらの開発しているシステムでは，あらかじめ明示的な規則のすべてが与えられているのではありません．さまざまな事例において人間の専門家が下す判断から，その背後にある（明示的ではない）規則を機械が学習できるようになっています．そうして学習して得た規則に基づいて，機械は新しい状況においても適切に判断ができるようになるのです．より具体的に説明しましょう．アンダーソンらが開発しているシステムはある種のケア・ロボットです．このロボットは患者に薬を飲む時間になると薬を渡すようにプログラムされています．これだけの仕事ならば何も倫理的な判断は必要ないように思われます．しかし実際はそうでもありません．患者は時として薬を飲むことを拒否することがあるのです．その場合，ケアテイカーは(1)患者に薬を飲むようさらに促すか，(2)患者が薬を飲まないことを医者に知らせるか，(3)そのまま放っておくかの選択肢があります．(1)(2)の場合は患者の自律の感情を害する可能性があり，(3)を選んだ場合には患者の健康に害を与える可能性があります．ケアテイカーはその状況に応じて，どの行動が患者にとってベストであるかを判断します．アンダーソンらのロボットはこの判断を模倣することを目指して作られています．

アンダーソンらの試みに象徴されるように，人工道徳的行為者を作る試みは，これまでのところ「人間が従っている倫理的規則を明らかにし，それを機械にプログラムして実行させる」というパラダイムに従って進められています．しかしこのパラダイムには二つのボトルネックがあります．ひとつは

---

4) Anderson, Susan L., Machine metaethics. In *Machine Ethics*, Michael Anderson and Susan L. Anderson (eds.), Cambridge University Press, 2012, pp. 21-27.

5) ある問題が「計算可能」というのはおおざっぱに言えば「適切なプログラムを書いて，コンピュータに実行させることで解決できる」という意味です．

上の段落で述べたような，専門家が自分の仕事を遂行する上で直面する倫理的ジレンマ状況で，彼らが従っている規則が必ずしも明確ではない，あるいはそもそも彼らがそのような状況で何らかの規則に従って判断しているのかも確かではない，ということです．あるいは人間は個別的な規則の他に，ジレンマを調整するための別の規則を持っているのかもしれませんし，やはり何か規則とは異なる仕組みを持っているのかもしれません．もうひとつは特定の倫理的ジレンマ状況で人間は確かに何らかの規則に従って判断・行動しているのだとして，またその時に人間が従っている規則が機械でも理解できるとして，それを実際のあらゆる状況に適用させることには大きな困難があるということです．ひとつ目のボトルネックを機械学習の方法で乗り越えようとしているのがアンダーソンらの試みです．しかしその方法にも，機械が誤った規則を学習する危険性があるという批判，学習に基づいて機械が誤った判断をした時には誰が責任を取るべきなのかがわからないという批判などがあります．

　論理的アプローチで作られるシステムがこの二つのボトルネックを解決できるか，そしてどれほど人間に迫れるかということは経験的な問題です．人工道徳システムが開発され，実験され，実用化されていく中で示されていくことでしょう．しかし人工知能の発展の歴史と近年の心理学から得られる知見を合わせて考えると，このような方法で人間と同じように判断し行為するシステムが作れる見込みは低いだろうと考えざるをえません．上述したように，現在人工道徳に従事している研究者の多くは道徳を西洋哲学の合理主義的伝統における「理性」と密接にかかわるものと考え，身体性や感情などそれ以外の要素は道徳にとって無関係，あるいは道徳にとってむしろ邪魔な要素と考えています．しかし次節で見るように，近年の心理学や脳科学の知見は道徳的意思決定における感情の重要性を示唆しています．

1-3 道徳と感情

　西洋の倫理学の伝統では，道徳性は理性に結びつけて考えられることが多いのですが，一方で理性とは対極にある（と考えられる）感情に基づいて道徳性を説明しようとする人々もいます．その代表としてはアダム・スミスやデイヴィッド・ヒュームが挙げられます．彼らによれば私たち人間にはもともと他者に共感し，他者を助けることを快く感じる傾向が備わっており，私たちの善悪の判断はこのような感情に基づいているということになります．

　この考え方の難点は，感情というものは個人的で一般性がないように思われるため，道徳が感情に基づくのだとすると，私たちは道徳的判断の客観的な正しさを論じることができなくなってしまうかもしれない，ということです．実際にそのように考える人々もいます．たとえばバートランド・ラッセルは『宗教から科学へ』の中で，倫理的な判断は個人的な欲求の表明に過ぎない，と断じます[6]．ラッセルは「分析哲学」という19世紀末に誕生し20世紀を通じて大きな影響力を持った西洋哲学の大きなトレンドの創始者の一人です．分析哲学においては私たちが使っている言葉の意味を厳密に明晰化することが重要視され，客観的な基準で真偽が決定できないような言明は無意味なものとして退けられます．分析哲学の伝統に連なる哲学者は一般に倫理的な言明，すなわち「……すべきである」というような言明は，客観的に真偽が決定できないものであり，それゆえに無意味だと考えます．ただし彼らの中には倫理学において使われる概念を分析することには哲学的な意味があると考える人々もいて，メタ倫理学というアプローチを推進したのはそういった哲学者たちです．

　ラッセルのような見解の根底にあるのは，感情というものが捉えどころの

---

[6] バートランド・ラッセル著，津田元一郎訳『宗教から科学へ』荒地出版社，1965年（Russell, Bertrand, *Religion and Science*. Oxford University Press, 1935）．

ないものだという認識です．しかしラッセルの時代から比べれば，心理学・神経生理学ははるかに発達しており，道徳性やそれと密接に関連する感情の働きについても多くのことが明らかにされています．そのひとつが意思決定における感情の重要性です．

たとえば神経学者のアントニオ・R・ダマシオの報告している[7]ある患者は，脳腫瘍の手術によって脳の一部に損傷を受けてから現実生活における意思決定ができなくなりました．その患者の論理的思考能力，知覚能力，記憶力，言語能力などに関しては何の問題も見られませんでした．何らかの目的を達成するにはどのような行動を取ればよいか，その行動を遂行することでどのような結果が生じるか，そしてそのことの倫理的な含意は何か，といった複雑な思考も問題なくこなせるのです．そのためなぜその患者が意思決定ができなくなるのかが不可解でした．しかしある時ダマシオはその患者に感情を感じる能力が失われていることに気づきました．悲劇的な状況を写した写真を見ても患者は何も感じないと答えたのです．しかし患者はそれが悲惨な情景であることは理解しており，以前の自分ならば心を動かされただろう，とも言います．「知っているけど感じない」というのが彼の心の中の状況でした．ダマシオはこの感情の欠如が彼に意思決定をできなくさせているのだという仮説を立てました．実際の行動へと最終的に私たちを動かすのは感情だということです．ダマシオの仮説は一般的な意思決定に関するものですが，道徳的な意思決定にも当てはまるでしょう．

感情が意思決定に及ぼす影響については近年，研究が始まったばかりです．しかしこれらの研究は，私たちの道徳的意思決定には論理的な理性による推論だけではなく，感情的な要素が深くかかわっているということを強く示唆します．とくにとっさの意思決定や，ひとつの行動を優先する十分な理由が

---

7) アントニオ・R・ダマシオ著，田中三彦訳『デカルトの誤り――情動，理性，人間の脳』ちくま学芸文庫，2010 年（Damasio, Antonio R., *Descartes' Error—Emotion, Reason and the Human Brain*. Putnam Adult, 1994）．

得られない場合の意思決定においては，合理的な計算のような思考プロセスではなく，感情や直感に基づく意思決定が必要であるかもしれないのです．たしかに感情が私たちの判断を狂わせることがあるということは事実です．しかしそもそも意思決定ができないような人間を道徳的と呼べるでしょうか．目の前で二人の人間が溺れている時に，どちらを先に助けるべきかについて規則が何も教えてくれないからといってフリーズしてしまう，あるいはどちらを助けるべきかを計算しているうちに両方が溺れ死ぬことを見すごす人間が，十分な道徳的能力を備えた人間と言えるのでしょうか．

中世の哲学者ビュリダンは「同じくらい望ましい結果を生む二つの行動の間では合理的な意思決定はできない」と説きました．この説を風刺して作られたのが「ビュリダンのロバ」という寓話です．同じ大きさの乾草の山が二つあり，一匹のロバがどちらの乾草を食べればよいか迷っているうちに飢え死にしてしまう，というものです．ロバは西洋ではしばしば愚かさの象徴として扱われます．しかし実際にはこのような状況に置かれたロバは一瞬たりとも迷うことはないでしょう．人間のように行為の結果，その利得と損害をあれこれ考え，「合理的」に意思決定を下そうとするからこそ迷いが生じるのです．合理性だけを抽出し，実装された機械はなおさらです．

論理的アプローチの欠陥を補うために何かしら感情に似た仕組みを人工道徳的行為者に組み込むのがよいのか，そんなことはそもそも可能なのか．この問いに今ここで答えることはできません．人工知能やロボットの分野においては感情はまだ未開拓の分野です．ですから感情を組み込むことによって人工道徳を改良するということが簡単にできるはずがありません．これまでに感情を扱った研究には，たとえば表情を持ったロボットを作る，あるいは人間の内分泌系のモデルをシミュレートするなどの研究がありました．こういった研究は人工道徳にとって有用かもしれません．あるいは逆に，意思決定メカニズムにおいて感情が果たす機能から感情の解明を試みるという方向性も考えられるかもしれません．

1-4　機械化された道徳は道徳なのか？

　ここまでに私たちは道徳的原則をロボットに与えることで，道徳的に良い振る舞いをするロボットを作ることができるかを考察しました．ここでは道徳的に良く振る舞うロボットは本当に道徳的と言えるのか，という問題を考えたいと思います．この問題にも人工知能におけるパラレルな問題があります．それは「思考しているかのように振る舞う人工知能は本当に思考していると言えるのか？」という問題です．この問題に対して否定的な議論を与えた哲学者としてはジョン・サールが有名です．サールの議論は数学者アラン・チューリングの提唱した，機械が思考しているかどうかを確かめるテストに対する反論として提示されました[8]．チューリングは，人間の思考のプロセスは外部（他者）からは観察できないのだから，外部から観察できる入力と出力の対応だけを思考能力のテストとしようと提案しました[9]．このテストは今日「チューリング・テスト」と呼ばれています．

　このテストに対してサールは次のような思考実験を考え出しました．外から中が見えない部屋の中に中国語でのさまざまな質問とそれに対する適切な返答の一覧表が置いてあるとします．そしてまた中国語をまったく知らない人間がその部屋に入り，外から届けられる中国語での質問に対して，対応表を頼りに返答を送り返すとします．外から見れば中の人物は中国語で完璧な

---

8) Searle, John, Minds, brains, and programs. *Behavioral and Brain Sciences*, 3 : 417-457 (1980).

9) より詳しく言うと，チューリングの提唱したテストとは次のようなものです．判定者がコンピュータまたは人間とチャットのような仕方で文章による対話を行います．判定者は自分の対話の相手がコンピュータなのか人間なのかは知らされていません．一定時間，対話を行った後に判定者は自分の相手がコンピュータだったのか人間だったのかを尋ねられます．その結果，コンピュータが十分な頻度で判定者を欺くことができれば（つまり自分を人間だと判定者に思わせることができれば），そのコンピュータは人間と同じような思考能力を持っているとみなしてよい，というのです．

受け答えができています．しかしその人物が，受け答えに対応するような思考を持っていないことは明らかでしょう．コンピュータによる「対話」もこれと同様のものであり，したがって外からの観察で適切に振る舞っているように見えるというだけでは思考にとっては十分でない，とサールは言います．ここで欠けているものはシステムが扱っている記号の意味についての理解です．コンピュータは規則に沿って機械的に記号の操作をしているだけで，そこで扱われる記号の意味を理解しておらず，そして意味の理解を欠いた記号の操作は，たとえそれが外部から見て適切な受け答えになっていたとしても，思考を持っていることの証明にはならない，とサールは考えるのです．チューリング・テストに対するサールのこの反論は「中国語の部屋の論証」と呼ばれています．

　同じ議論が道徳的に振る舞う機械に対してもできるでしょうか．話を簡単にするために，道徳的な行為ではなく道徳的な判断・意思決定に話を限りましょう．道徳的な問題とそれに対する適切な答えが中国語で書かれた表が部屋に置いてあるとします．中国語をまったく知らない人間がこの部屋の中にいて，外から与えられる道徳的問題に対して対応表を参照しながら答えを返します．たとえば「自分の利益のために人を殺してもよいか」という質問に対して表に従って「殺してはいけない」と返します．傍から見るとこの人は道徳的に判断をしているように思えます．しかし本当にこの人はこの時，道徳性を持っていると言えるのでしょうか．サールの元々の論証と同様，この人は道徳的に判断しているとは言えないように思われます．というのも「人を殺してはいけない」という発言が道徳的な判断の表明であるためには，少なくともその発言をする際に「人」，「殺す」，「死」などの概念についてその人が理解している必要があるように思われるからです．サールの議論に対しては賛否両論ありますが，少なくとも単なるアルゴリズムに沿った記号操作では道徳と呼ぶのに値しない，ということは説得力があるように思われます．

　機械が記号の意味を理解する，すなわち機械が扱う記号が機械にとって外界の事物を意味することが可能でしょうか？　この問題は「記号接地問題」

と呼ばれ，人工知能とロボット工学の分野では1990年代から盛んに論じられている問題です．そこでは外界を認知する能力，外界の事物をカテゴライズする能力，物理的身体を通じて外界に働きかける能力などが機械に必要であると考えられています．たとえば「猫」という語を理解するには，実際に猫を見たり猫の鳴き声を聞いたり猫の毛に触れたりして，そこから猫の特徴を一般化し，初めて知覚した対象でも猫であるか否かを判断できるようになり，さらに猫を呼んだり猫を追い払ったり猫に餌をあげたりするなど，猫に対して何らかの実践的な働きかけができるようになる必要があるということです．

　猫のような対象を表す語を理解するにはこれでも十分かもしれません．しかし道徳的な言明を理解するには「良い」，「悪い」，「望ましい」といった価値的な評価を含む語を理解しなければなりません．これは「猫」，「白い」などの語を理解するよりさらに難しいでしょう．なぜならそれは感覚器官によって知覚可能な属性ではないからです．「……は望ましい」という価値的な言明を本当に理解するためには，何かを「望む」ということがどういうことかを知らなければなりません．しかしそれは実際に何かを望むという経験をしなければ不可能でしょう．すなわち機械がそれ自身の利害関心を持つことが必要なのです．

　さらに言えばたとえ価値的な評価を含む語を理解していたとしても，与えられた規則にただ従うだけの行為者を道徳的と呼べるかどうかという問題は残ります．ジョン・アーヴィングの小説『サイダーハウス・ルール』の主人公ホーマーは孤児院で育ち，そこの院長が非合法に行っている人工妊娠中絶手術の手伝いをしていました．成長するにつれホーマーは院長の行為に疑問を抱くようになり，孤児院を去ります．しかしある時，彼は望まない妊娠をしてしまった友人の苦しみに直面し葛藤します．そして彼は友人のために人工中絶手術を自らの手で行う決心をします．もしもホーマーが社会の規範だからと中絶手術を拒否して，友人を苦しみから救うために何もしない人間であったならば，私たちは彼を道徳的な人間だと思わないでしょう．道徳的で

あるということは単に規範に従うことではなく，状況によっては規範を疑い，規範に反する行為も辞さないということを含んでいるように思われます．しかしながらそのような能力を機械に持たせることは難しいし，おそらく危険でもあるでしょう．

　限定された状況においては，人間が従っている道徳的規範に従わせることで，ある程度「道徳的」に見える振る舞いをする機械を作ることはできるでしょう．またそのような機械が実際上の有用性を持つ場合もあるでしょう．しかし本当に道徳的と呼べるような機械を作るためにはそれでは不十分です．道徳的であるためには，価値を理解することが必要であり，そのためには機械自身が利害関心を持つ必要があります．さらに言えば真に道徳的であるためには規範に従うだけではなく，時には規範を疑い，規範に反するような行いもできなければいけません．そのような機械が作れるのか，作れるとしてどのようにして作れるのか，現段階ではまだ私たちはこの問いに答えることができません．しかしそのような機械を作る試みは，人間の道徳性についてのよりよい理解をもたらすでしょう．

1-5　おわりに

　本章において私たちは，機械が道徳的であるために何が必要かを考えてきました．その際に私たちはまず，機械に道徳的に判断し振る舞わせる既存の試みを参照し，それが抱える困難を検討しました．それらの試みは機械を何らかの規則に従わせるというアプローチをとっていました．しかし倫理学においては規則がどのようなものであるべきかということについて，ライバルとなるいくつかの立場があります．それについては次章で論じられます．

　また本章においては振る舞いと規則を一致させることの困難を論じましたが，振る舞いと規則が一致すればそれが道徳的な行動になるというわけではなく，道徳的な評価の対象となるためにはさらなる条件が必要であると考え

られます．倫理学においては道徳的な評価の対象となる振る舞いは「行為」と呼ばれます．ここでは「行為」がそもそもどういうものか，あるいは「行為者」とは何かを論じませんでした．人間のある振る舞いが行為であるためには，たとえば意図や自由意志によるコントロールが必要であると考えられます．そのようなものはロボットに実現できるのでしょうか．これはロボットの道徳性を考える上では避けられない論点です．この点については第3章で扱われます．

「道徳的行為者」という概念には，それと対になる「道徳的被行為者」という概念があります．これはある道徳的行為を受け取る相手，道徳的行為者が道徳的な配慮をしなければならない対象を意味します．「ロボットは道徳的行為者になりうるか」という問いとは別に，私たちは「ロボットは道徳的被行為者になりうるか」という問いを立てることができます．もしロボットが道徳的行為者になったとしたら，そのロボットはまた道徳的被行為者にもなるのでしょうか．あるいはロボットが道徳的行為者と認められなくても，何らかの仕方で道徳的な配慮をする必要があるような対象になる可能性はあるのでしょうか．この点については第4章で扱われます．

さらなる理解のために
　人工道徳について日本語で読める初学者向けの文献はまだありません．人工知能と心の哲学に関しては戸田山和久『哲学入門』（ちくま新書，2014年），久木田水生「人工知能，ロボット，知性」，『社会と倫理』（南山大学社会倫理研究所）第28号：51-65，2013年）が参考になります．

第2章

葛藤するロボット
――倫理学の主要な立場について考える

　アニメや漫画では道徳性を与えられた機械が描かれてきました．たとえば少し古い漫画ですが石森章太郎の作品で，同タイトルの特撮テレビ番組も作られた『人造人間キカイダー』では，主人公であるジローは不完全ではあるものの「良心回路」を組み込まれた人造人間として設定されています．とくに漫画版ではそのことによって生じるジローの苦悩が物語の中心的なテーマとなっていました．また別の例としてドラえもんは，どういう仕組みになっているかはよくわかりませんが，少なくとも作中の普通の人間と同等程度の道徳性を備えた存在として描かれています．もちろん彼らはフィクション上の存在であって，現実に存在するロボットではないということを忘れてはいけませんが．

　では道徳的に良い振る舞いができるロボットや人工知能を作ることはできるだろうか，というのが第1章の根本にある問いでした．次に検討したいのは，これが可能であると仮定した場合，倫理にかかわる推論や問題解決を行う機械を作ろうとする際に，どのような倫理にかかわる原理や原則に基づいて設計を行うのがよいかです．この問題を考えるには，まず倫理学にはどのような立場があるのかを知らなければなりません．本章では主要な立場を説明していきます．

2-1 まず倫理に含めないものを除外しよう

最初に，少なくとも本書でいうところの「倫理」に含めないものを明確にしておくのがよいでしょう．まず法は倫理とは別物です．ソクラテスが自らが正しいと信じる態度をとったがゆえに死刑を宣告され，脱獄できる可能性があったにもかかわらず判決に従って死んだという「悪法もまた法なり」の逸話を考えてみてください．ソクラテスは法廷で有罪とされるのですが，彼は自分に死刑を宣告した人々の方が不正だと指摘します．この逸話は法と倫理のそれぞれに基づいて正しいとされるものが異なっている例と言えるでしょう．

宗教も倫理とは区別されるべきです．もっともこのように言うからといって，特定の宗教をベースにした倫理体系が存在することを否定するわけではありません．またそのような体系の価値や意義についても同様です．そのような倫理体系の重要なポイントはベースとなる宗教の教義と密接に関連しているので，その倫理体系だけをテーマとして論じる専門書で扱われるべき話題だと考え，本書では論じません．

次に倫理学上の主観主義も本書の議論からは除外します．ここで言う主観主義とは，倫理というのは個々人の主観の問題に過ぎないとみなす立場です．第1章で言及されたラッセルの立場がその例です．こういう立場の問題は倫理についての議論を終わらせてしまうところにあります．これは本書の目的とは相反する態度です．もちろんさまざまな議論や検討を経た結果，最終的に倫理学上の主観主義に至らざるをえないはめになる可能性が完全にないわけではありません．ただその可能性を検討するのは後回しにしておくべきというのが本書の立場です．

極端な相対主義も本書で想定している倫理には含まれません．たしかに世界各地の地域や文化によって，道徳に関する慣習や考え方の違いはあります．たとえば本章でも名前が出て来るイマヌエル・カントは，「倫理的地理学」

という分野について説明しており，地域によって慣習などが異なるとして，日本の刑罰などの具体例について言及しています[1]．主観主義の場合と同様に，極端なかたちでの相対主義を採用した場合にも，倫理についての考え方にはいろいろありますという形で話が終わってしまうという問題が生じてしまいます．

ニヒリズムについても同様に本書では扱いません．ニヒリズムとは，世間で「道徳的な正しさ」と言われているようなものは実は存在しないか，一般に考えられているのとは全く別の正体や起源をもつものであるというような主張です．道徳についてのニヒリズムを論じた一番重要な思想家はフリードリッヒ・ニーチェです．

以上をまとめると，本書では倫理について，ただ一つの正しい見解があるとまでは主張しないけれど，必ずしも意見の一致しない人々であっても倫理についてお互いに粘り強く議論しあうことに意義を見いだせる程度には「何が正しいのか」という問いが成り立つものと想定しているということになります．このような想定を置くことについては，倫理についての議論を行うためにとりあえず必要な作業仮説だと考えてください．

2-2 倫理学を三つに分ける

倫理学はそれなりに幅の広い分野なので，いくつかの下位分野に整理して説明をしたほうがわかりやすいでしょう．よく行われる分類法は，規範倫理学（normative ethics），応用倫理学（applied ethics），メタ倫理学（meta ethics）の三つに分けるやり方です．

この章の以下で扱う規範倫理学は，おそらく多くの人が倫理学と聞いてイ

---

1) イマヌエル・カント著，三枝充悳訳「自然地理学」『カント全集 第十五巻』（理想社，1966年）の50ページを参照してください．

メージする内容に一番近いもので，おおざっぱに言えば倫理上の正しさや善さの基準にかかわる理論を扱う分野です．あとで説明する功利主義や義務論や徳倫理学といった立場についての議論は，ここに含まれることになります．

　二番目の応用倫理学は，医療や環境問題のような現実の社会問題に取り組むものです．大学の授業科目としてもポピュラーになっている生命倫理学や環境倫理学はすでに何十年かの伝統と議論の蓄積のある分野ですが，ロボット倫理学や宇宙倫理学といった比較的新しく登場してきた分野もあります．

　最後のメタ倫理学は大学での共通教養科目などではあまり扱われないので，倫理学を専門的に学んでいない人にとっては一番なじみがないと思います．以下の章でもあまり出てこない分野なので，ここで少し詳しく説明しましょう．

　メタ倫理学では倫理学で頻繁に使われる善（good）や，正（right）といった基本的な概念についての分析や検討が行われます．たとえば，ある状況を目にして誰かが「（倫理的に）正しい」という発言をして，他の人も同意するという場面を考えてみましょう．もうちょっと具体的な情景を想定した方がわかりやすいなら，電車で荷物を持った老人に高校生が席をゆずったというような状況を思い浮かべてもらえばいいでしょう．この場合，「正しさ」はその状況の中にどのように存在しているのでしょうか．

　この問いについて検討するために，少し違う状況と比較してみましょう．黄色い車を見てわたしが「黄色」と言えば，二歳の息子は同じ車を指差して「きいろ」と言います．わたしと息子は同じ生物種に属しており，同じメカニズムの視覚を備えています．車の塗装や周囲の光などの物理的性質に基づく刺激が二人の視覚にそれぞれ与えられ，「黄色さ」をそれぞれに認識させるのです．倫理的な意味での「正しさ」という性質について，同じように考えることはできるでしょうか．車の「黄色さ」のように「正しさ」という倫理的性質が状況の中のどこかに存在しているという考え方は，少なくとも何の説明や証拠もなく受け入れられないように思われます．色とは異なって，倫理的性質というものが物理的な基盤を持っているのかどうか不明ですし，

そもそもそのような性質が本当にあるのかどうかすら明らかではないからです．しかし，正しさというものが存在していないとすれば，ある状況について（全員ではなくても）多くの人が一致した倫理的判断を下すという，ありふれた現象を説明しにくくなるという別の問題が生じてしまいます．なぜそのようなことが起こるのか，不思議に思えてきます．現象を説明してくれるというのが理論に期待される役割のひとつである以上，これは倫理学理論にとって非常に大きな問題となります．メタ倫理学が考えてきた問題のひとつはこうしたものです．

さてロボットに道徳を実装することを考える場合，倫理学の三つの分野のどれが関係するでしょうか．どのような正しさの基準をアルゴリズムとして実装すべきかを考えれば，規範倫理学が重要になるでしょう．もちろん医療などの特定の実践的場面で使われるロボットを設計するなら，応用倫理学もかかわってくるでしょう．またロボットのセンサーで正しさなどを計測できるかという問題には，メタ倫理学が深くかかわってきます．このように三分野のいずれも関係してくる可能性があるのですが，本章では規範倫理学を取り扱います[2]．

2-3 規範倫理学の主要な二つの立場：
帰結主義（功利主義）と義務論

規範倫理学では行為や政策などの正しさを評価するための基準が論じられてきました．倫理学のこれまでの歴史を通じてさまざまな基準が提案されてきたわけです．そうした基準たちには二つの大きなグループが存在し，ライバルとして互いに争ってきた，というのが規範倫理学についての教科書的な説明として一般的なものです．ここではロボットや人工知能の話題とつなげ

---

[2] 先にも述べたように，メタ倫理学については本書ではあまり扱いませんが，応用倫理学については本書第Ⅱ部で扱うテーマ全体がこれに属すると言えます．

やすくなるよう配慮した形式で，それぞれのグループを定義してみましょう．

　第一のグループは帰結主義（consequentialism）と呼ばれています．帰結というのは，もたらされる「結果」のことです．帰結主義は，行為や政策などの正しさを評価する際，それらによってもたらされる帰結（結果）に関する情報のみを使用する立場です．帰結主義に含まれる規範倫理学上の立場の代表は，なんといっても功利主義（utilitarianism）でしょう．功利主義については「最大多数の最大幸福」という標語が広く知られていますが，帰結として「最大多数の最大幸福」をもたらす行為や政策が正しいという基準を提案している点で帰結主義に属します．功利主義については次の節でもっと詳しく説明しましょう．

　第二のグループは義務論（deontology）と呼ばれます．グループとしての義務論を学生にどう説明するかというのは倫理学の教員を悩ませる問題のひとつなのですが，ここでは「帰結主義ではないもの」として説明しておきたいと思います．先に述べた帰結主義の定義に合わせるなら，義務論とは行為や政策などの正しさを評価する際，それらによってもたらされる帰結以外の情報を（も）使用する立場，ということになります．このように定義する場合，義務論は帰結に関する情報も用いてかまわないことに注意してください．義務論において用いられる「帰結以外の情報」としては，義務や権利のほか，行為者の意図などがあります．

　先ほど帰結主義と義務論が規範倫理学上の二つの主要な立場だと書きましたが，実際には義務論のライバルとして功利主義がそれと同格の立場で扱われることが多いです．以下では本書の目的に照らして説明が不必要に長くなるのを避けるために，功利主義に帰結主義を代表させて，それ以外の帰結主義については扱わないことにします．

　それぞれの説明を始める前に，もう一点だけ述べておきたいことがあります．功利主義と義務論は互いに批判しあってきたわけですが，その過程でお互いの利点や特徴を取り込んだヴァージョンも考案されてきています．長い歴史があるにもかかわらず正しさの基準が一つに定まらないと知って，倫理

学に失望を覚える人もいるかもしれませんが，複数の競合する基準があることによって規範倫理学全体としての議論が洗練されてきたという側面もあるのです．

2-4 功利主義

(1) ベンサムの功利主義

功利主義については高校までで習う機会が多分あっただろうと思います．「最大多数の最大幸福」というキャッチフレーズや，ジェレミー・ベンサム（ベンタムと表記されることもあります），ジョン・スチュワート・ミルといった人物の名前が教科書に出てきたはずです．もちろん功利主義はテストのためだけに暗記すべき歴史上の項目というわけではありません．現代でもピーター・シンガーのような広範な影響力を持つ論者がいることからもわかるように，功利主義は現役の思想なのです．

功利主義を一言で説明するなら，「最大多数の最大幸福」が達成される帰結をもたらす行為や政策こそが正しいと主張する立場です．では「最大多数の最大幸福」が達成されるとはどのような状態なのでしょうか．まず幸福は善いものであるように思われます．ここでの「善い」の意味は，人々が現に求めているだけでなく，求めるに値し，さらには求めるべきでもあるとされるということです．それぞれの人にとって具体的に何が幸福かは異なっているかもしれませんが，幸福そのものは（おおよそ）誰であっても求めるものであり，また求める価値があると考えていると言っていいでしょう．

次に重要なポイントは，功利主義者が重視するのは個々人の幸福を集計したものだという点です．ある行為や政策によって影響を受ける人のことを以下ではステークホルダーと呼ぶことにしましょう．ステークホルダーによっては帰結として不幸，すなわちマイナスの幸福がもたらされる人もいるかも

しれません．次に，個々のステークホルダーに帰結としてもたらされる幸福を集計したものを，ステークホルダー全体にとっての幸福とみなします．この幸福の全体集計が一番大きくなる行為や政策を選ぶべき，すなわちそのような行為や政策こそが正しいものであるという主張は，シンプルなものですが強力な説得力があります．

さてベンサムは，『道徳及び立法の諸原理序説』[3]の中で次のように述べています．

> どんなに愚かでひねくれているとしても，多くの場合に，おそらく生涯のたいていの場合に，功利性の原理にしたがわないような人間がいるはずはないし，過去においてもいたことはない．人間の生まれつきの構造からして，人々はその生涯のたいていの場合に，それと考えることなしに，この原理を受け入れている．……（p. 85）

ここで「功利性の原理」と呼ばれているものの内容は，おおよそすでに説明した通りのものです．ベンサムは功利性（効用，utility）を各ステークホルダーに幸福や利益や善を生じさせ，その反対のもの，つまり不幸や不利益や害悪などが生じるのを防止する傾向を持つ性質として規定しています．また，「功利性の原理」という用語の言い換えとして「最大幸福の原理」を挙げています．これをおおざっぱに表現すれば「みんなの幸福が一番大きくなるのが正しい」ということですが，倫理学上の理論としての功利主義を批判する人たちですら，こうした考え方をどこかで使って（しまって）いるのだとベンサムは言うのです．実際，この考え方を否定しきるのは難しいように思います．「みんなの幸福が一番大きくなるのが正しい」という考えが持つシンプルな説得力，これが功利主義の最大の魅力かもしれません．

---

3) Bentham, J., *An Introduction to the Principles of Morals and Legislation*. Clarendon Press, 1789. 本章での訳文は以下の翻訳書に依拠しています．関嘉彦責任編集『世界の名著 49 ベンサム J. S. ミル』第 7 版（中央公論社，1997 年）．

功利主義の理論をもう少し丹念に見てみましょう．まず，集計されるべき幸福＝効用＝善が何であるかをきちんと定義しなければ，計測と集計の対象とすることができません．人びとが追求しており，かつ追求すべきであるとされる，そうした価値のある善とは何なのか．これが最初に明らかにされる必要があります．次に，個別に計測した善を何らかの形式で集計した全体にとっての善を最大化する行為や政策が正しいと定義されます．この時に集計方法を明確に定めなければなりません．これら二つの点をどのように定めるかによって，功利主義内部でのヴァリエーションが生じます．

　ベンサムの場合で考えてみましょう．まずベンサムは善＝幸福を快楽だとします．そして悪＝不幸は，その反対物である苦痛ということになります．快楽という言葉にいかがわしい響きを感じる人もいるかもしれませんが，ここではそういう意味にはとらないで，「心地よい状態」ぐらいに考えてください．お金が儲かるのも，ものすごくもてるようになるのも，それらが幸福であるのは，私たちに「心地よい状態」をもたらすからです．そして人びとは快楽を追求し，苦痛を避けようとします．ベンサムによれば，これらは人びとが実際にどう振る舞うかを決定するだけでなく，何をすべきかを判断する際の基準でもあります．苦痛をマイナスの快楽と考えて快楽との差し引きを行い，個々のステークホルダーに帰結として生じる正味の快楽を計測し，それらを単純に加算した集計が最大になる行為や政策を選択すべき，というのがその基準です．

　ここでベンサムの議論には興味深い点が二つあることを紹介しておきたいと思います．まずベンサムは快楽を実際に計測可能なものであるかのように論じています．ベンサム自身の時代はともかくとして，脳科学関連技術の進展がそうした計測をいずれ本当に可能にするかもしれません[4]．第二にベン

4）たとえば，脳神経倫理学者ジョシュア・グリーンは「少なくともその瞬間の幸福度は測れるようになるだろう」と述べています．これについては以下の著作の 217 ページ，および関連した原注を参照してください．ジョシュア・グリーン著，竹田円訳『モラル・トライブズ——共存の道徳哲学へ』上巻（岩波書店，2015 年）．

サムは快楽の集計方法を詳細で明確な手順として，アルゴリズムのようにステップごとに記述して説明しています．彼はその手順を快楽計算と呼んでいます．少し煩雑な手続きなのでそのままの引用はしませんが，おおまかにいえば各ステークホルダーごとに快楽の計測を行い，それをステークホルダー全員に関して繰り返し，集計するという手順になっています．以上の2点をふまえると，各ステークホルダーに生じる快楽を効率的に計測するデバイスさえあれば，快楽計算をプログラムとして実装するのは不可能ではないかもしれないという気がしてきます．功利主義者ロボットが存在しうるとすればどういうものになるかは，比較的想像しやすいのではないでしょうか．

(2) 功利主義の特徴

功利主義全般の話に戻り，他の立場と対比することによって功利主義の重要な特徴を明確にしてみましょう．

まず功利主義は利己主義とは明確に異なっています．規範倫理学上の立場としての利己主義は，何を行うべきか（何を行うのが正しいか）を検討する際に考慮すべき情報は自分の利益や幸福のみであるとする立場と規定できるでしょう[5]．それに対して，功利主義は自分以外のすべてのステークホルダーに生じる帰結をも計算に入れます．

また功利主義は利他主義とも違います．利他主義というのは，（自分自身の利益や幸福を度外視してでも）他者の利益や幸福を増大させようとする立場です．功利主義も同様に自分以外のステークホルダーの利益や幸福を計算に入れますが，自分自身の利益や幸福を度外視せず，これらも計算に入れます．

より重要なのは，計算において自分のものであるか他人のものであるかに関係なく，すべての利益や幸福は同じウェイトを与えられ，まったく等しい

---

5) このように定義した場合，利己主義は帰結主義のヴァリエーションのひとつということになります．すぐあとに出てくる利他主義も同様です．

重要度を持つものとして平等に取り扱われることです．別の言い方をすると，計測された幸福や不幸がステークホルダー全員のうちの誰に帰結として生じるものかは，功利主義にとっては重要ではありません．たとえば，ある政策が採用された場合に自分自身には不利益が生じるとしても，自分も含めたステークホルダー全体の収支が最大になるなら，功利主義者はその政策が正しいと判断しなければならないのです．このような「公平さ」を功利主義のアピールポイントと感じる人も少なからずいるでしょう．

(3) 功利主義への批判(1)

しかしながら功利主義にはたくさんの批判も向けられてきました．それらを網羅することはできないので，本章ではいくつかを選んで挙げたいと思います．

まず，ここまでで説明してきたようなシンプルな規定のみに基づいて理解する限り，功利主義では身内を他人よりも重要な存在として扱うことはできません．しかし身内をより大切に扱うことは，私たちの日常的な道徳観においては良いこととみなされている，少なくとも悪いこととは考えられてはいないのではないでしょうか．だとすると，日常的な道徳観と功利主義のどちらかが修正される必要があるように思われます．功利主義者はこの疑問に対して，少なくとも二つの応答の仕方が可能です．

まず，身内を他人よりも大事に扱いたいというのは私たちの感情的な反応に過ぎないのであって，理性的に考えれば功利主義の方が正しいのだと主張するという応答が考えられます．つまり日常的な道徳観の方が誤っており，修正されるべきだと主張する方針です．たとえば，すでに名前の出てきたシンガーは，発展途上国の人びとに対する海外支援のために寄付すべきであるという議論をそれなりの説得力をもって展開しています[6]．自分の子どもに

---

6) 以下の二つの著作などでシンガーはこうした議論を行っています．ピーター・シン

高級ブランドの服を買い与えるのを差し控えても，それでもなおその子は十分に幸福といえる状況にある．それで浮いたお金をマラリアなどの病気に苦しむ発展途上国の人びとへのワクチン購入のために寄付すれば，たくさんの人を救うことができ，結果としてはるかに大きな幸福を生み出すことができるだろう．このように，もし十分に幸福に生活できる水準を超えた余分な資産があるならば，自分や自分の家族のために使うのではなく，最も悪い状況で生きている人びとのために寄付すべきである．なぜならそうすることによって，最も効率的な状況の改善が見込まれ，全体にとっての幸福の増大の最大化が達成されるからである．シンガーの議論の本筋はおおよそこのように要約できます．重要なのは幸福の総量であって幸福の追加分が誰に生じるかではないということを，身内に対する感情に流されずに理解すべきだとシンガーは訴えています．この訴えに説得される人もいるでしょうし，正直に言って理解しがたいという人もいるでしょう．

　もう一つ考えられる応答は，功利主義という基本ルールの働きを調整するために，「身内を他人よりも（適度に）重視してもかまわない」とか，そのように「すべきである」といった二次的なルールを付け加えるというやり方です．「身内を他人よりも重視することは道徳的に許容される」というルールが社会に存在する状況と存在しない状況とを比較してみましょう．存在する方が全体集計としての幸福が大きくなると示せれば，功利主義の枠内で適度な身内びいきを正当化できるでしょう．こちらは日常的な道徳観に合うように功利主義の方を修正する方針と言えます．問題は，ここで条件となっていることを本当に示すのは簡単ではないと思われることです．とはいえ，この対応は身内びいき以外でも，功利主義が日常的な道徳観と合致しない場合に調整するために使うことができる，応用範囲の広い便利な方法です．

ガー著，児玉聡／石川涼子訳『あなたが救える命――世界の貧困を終わらせるために今すぐできること』（勁草書房，2014 年）．および，ピーター・シンガー著，関美和訳『あなたが世界のためにできるたったひとつのこと――〈効果的な利他主義〉のすすめ』（NHK 出版，2015 年）．

(4) 功利主義への批判(2)

　功利主義に対する第二の批判は，上で述べた「公平さ」に関連しています．ほんものの功利主義者だったら，総量としての幸福が最大になるのであれば，自分自身の幸福が減少するとしても受け入れるでしょう．これはたしかに公平な態度と言えます．問題は，自分以外の人たちの幸福が減少する場合でも，総量としての幸福が最大になるなら，それを受け入れるようその人たちにも要求できるという主張を功利主義が含んでいるように思われることです．これは極端な場合には，一部の人びとを犠牲にすることによって全体の幸福を最大化するような行為や政策を功利主義は許容していると理解されるかもしれません．たとえば奴隷制によって社会全体が利益を得るような状況を功利主義は許容してしまうのではないでしょうか．この点に関連して，功利主義に対抗する理論として自身の正義論を提示したジョン・ロールズは，『正義論』[7]で次のように述べています．

　……すべての人びとは正義に基づいた＜不可侵なるもの＞を所持しており，社会全体の福祉［の実現という口実］を持ち出したとしても，これを蹂躙することはできない．こうした理由でもって，一部の人が自由を喪失したとしても残りの人びとどうしでより大きな利益を分かち合えるならばその事態を正当とすることを，正義は認めない．少数の人びとに犠牲を強いることよりも多数の人びとがより多くの量の利便性を享受できるほうを重視すること，これも正義が許容するところではない．……（p. 6）

　利益の集計さえ大きくなるのであれば，その他のこと，つまり極端な不平等の上に総量の最大化が成り立っていようが気にしないような「どんぶり勘定」は，正義に反するというのです．ロールズがこの著作で提案したのは，

---

[7] ここでの訳文は次の訳書に依拠しています．ジョン・ロールズ著，川本隆史／福間聡／神島裕子訳『正義論　改訂版』（紀伊国屋書店，2010 年）．

功利主義と対立するような，正しさについての基準でした．このようなロールズの批判に対して，脳神経倫理学者ジョシュア・グリーンは次のように反論しています[8]．

> そこで次のような疑問が生じる．物でも富でもなく，効用を最大化する社会的不平等は，現実世界の深刻な不公正となりうるだろうか？ ロールズは，功利主義的不平等について想像するとき，奴隷制度に似たものを念頭に置いている．奴隷制度は，たしかに不公正だ．しかし，なぜ奴隷制度（またはそれに類するもの）が世界をより幸福にする，などと考えるのだろう？ それは，効用を物，すなわち富と混同していると，効用を最大化する奴隷制度がもっともらしく思えるからだ．(p. 376)

> 功利主義は奴隷制度をはじめとする抑圧を是認するだろうか？ 現実の世界ではありえない．現実の世界では，抑圧によって，抑圧する側の幸福はささやかに増えるだけだが，抑圧される側には苦痛がうずたかく積み上がる．功利主義は社会的不公正を支持するという考えは富裕主義の誤謬に基づいており，とらえにくい違いのために，富の最大化と幸福の最大化を混同している．「原理的には」人間は，人を抑圧することによって幸福を最大化できる．しかし，現実の世界では，人間の本性が今のようである以上，抑圧が世界をより幸福な場所に変えることはない．(p. 381)

これらの引用だけではわかりにくいかもしれないので，少し噛みくだいて説明してみましょう．独裁者が（物質的な）富を独占していて，その他の人々は極端に貧しい状態に置かれている社会を想像してみてください．このような社会制度でも幸福の総量が最大化される可能性があるでしょうか．功利主義をどんぶり勘定として批判する人たちは，その可能性があるために，功利主義は正しさの基準として信頼できないと主張します．それに対して，

---

8) 引用の訳文はどちらも次の訳書に依拠しています．ジョシュア・グリーン著，竹田円訳『モラル・トライブズ――共存の道徳哲学へ』下巻（岩波書店，2015年）．

グリーンはその可能性はないと言うのです．1000億円の富を独占してこの世の栄華を楽しんでいる独裁者は，さらに人びとから富を搾り取ってその10倍の富を得たからといって，10倍幸福になれるわけではありません．どこか一定の水準を超えると，幸福の増加率はどんどん鈍くなっていくものなのです[9]．その一方で，さらに富を搾り取られる人びとは，さらに不幸になるでしょう．これが人間の心理学的事実だというのです．たしかに功利主義の理論のうち，この節で説明してきたような手続きとして記述できる部分だけでは，不平等な社会制度の下で幸福が最大化される可能性は否定できないかもしれません．しかし功利主義の別の部分，つまり人間の幸福や善についての考察に基づく理論でもあるという部分によって，功利主義がこうした極端な不平等を許容してしまうことが防がれているというのです．

とはいえ，やはり功利主義は「原理的には」どんぶり勘定的な面を持っていると言えるかもしれません．自動運転車の倫理問題としてよく取り上げられる，いわゆるトロッコ問題，あるいは衝突最適化問題と呼ばれるもののひとつのヴァリエーションを考えてみましょう[10]．自動運転のタクシーが4人の乗客を乗せているとします．車体にトラブルが突然生じ，このままでは間近に迫ったカーブを曲がれず，車ごと崖から転落して乗客が全員死ぬ可能性がきわめて高いとしましょう．これを避ける唯一の方法は，崖とは反対側の路肩に乗り上げていってスピードを落とすことですが，運悪く人が1人立っていて，スピードが落ちきる前にその人を轢いてしまうことが避けられません．こうした状況に遭遇した場合に，4人の乗客が死ぬ確率の高い選択肢と，

---

9) このことを説明するのによく使われるのはビールの例です．最初の一杯はものすごく美味しく感じられて，飲んだ人が得る幸福も大きいですが，次の一杯は最初ほどの感動はなく，そこから得られる幸福も一杯目より小さくなります．そしてその次はさらに小さくなるでしょう．このような，増加分から得られる追加の幸福が小さくなっていくという考え方を，限界効用逓減の法則と言います．

10) トロリー問題とも呼ばれる一連の問題設定については，デイヴィッド・エドモンズ著，鬼澤忍訳『太った男を殺しますか？』（太田出版，2015年）などを参照してください．

1人の人が死ぬ（しかし4人の乗客は誰も死なない）可能性の高い選択肢のどちらを倫理的に正しいものとして選ぶようなアルゴリズムを，自動運転車に実装しておくべきでしょうか．議論を単純化するために，死者が1人出るごとに社会に生じる不幸はすべて等しいとしましょう．つまり4人の乗客が死ぬ方が4倍の不幸が帰結として生じるとします．だとすると功利主義的なアルゴリズムを搭載した自動運転車は，路肩に乗り上げていくことを選択するのではないでしょうか．ここで少し考えてもらいたいのは次の問いです．このような状況においても，結果として生じる犠牲者を減らす方が倫理的に正しいということは，何のためらいの余地もなく明らかなことなのでしょうか．たとえば犠牲者の数が1対100ならそう思えるかもしれません．しかし1対2だったらどうでしょうか．あるいは99対100だったら．

2-5 義務論

(1) 道徳的義務

　前節の最後で述べた状況が持つ特徴のひとつは，倫理的な判断のポイントになると思われる重要な非対称性が含まれているという点です．一方の選択肢は4人の命を救うために1人を犠牲にするというものですが，もう一方の選択肢については1人を救うために4人を犠牲にするという言い方をふつうはしないでしょう．なぜなら路肩の1人は「まだ」死の可能性にさらされていないからです．1人の人を犠牲にするという結果をもたらす動作をわざわざ行うというのと，4人の人が死ぬという帰結に至るコースをそのまま進むということとの間には，結果として生じる死者の数以外にも倫理的な判断に影響を及ぼす要因となる違いがあるのではないでしょうか．

　もたらされる帰結（だけ）では行為や政策の正しさは決まらないという立場が義務論です．義務論にもさまざまな立場がありますが，カント主義的な

立場が代表的なものです．なおここでいう「カント主義的」というのは，カント自身が主張した立場という意味ではないことに注意してください．カニカマが決してカニの身ではないのと同じように，カント主義的な倫理学理論はカントの倫理学理論そのものではありません．あくまでカント風味とか，カントっぽいとか，その程度のものと考えてください．また，カントの理論にはさまざまな側面があるために，どの側面に基づいてカント主義的と言われるかによって，カント主義的と言われる倫理学理論にもさまざまなものがあります．

　そこで，前節でかなりシンプルなヴァージョンに基づいて功利主義を説明したのと同じように，本節ではシンプルなヴァージョンの義務論に基づいて説明していきたいと思います．まず，多くの人は，私たちが従わなければならず，それに反することが道徳的に正しくないと言われるような道徳的義務というものが存在すると考えているのではないでしょうか．具体的にどのようなものを道徳的義務と考えるかについては見解の違いがあるでしょうが，説明のためにここでは仮に「うそをついてはいけない」というルール（規範）が道徳的義務であるとしましょう．もちろんこうした道徳的義務は私たちの社会の中でひとつしかないというわけではありません．「暴力をふるってはいけない」とか，「自殺をしてはいけない」とか，「困っている人には親切にすべき」といった規範は，道徳的義務であるとみなされているかもしれません．このとき，行為などの正しさの基準は次のようになります．つまり，道徳的義務である規範に合致している行為は正しいのに対し，それに反する行為は道徳的に不正である．また，道徳規範に反してはいない行為は，道徳的に正しいとは言われなくても，少なくともそれを行うことは倫理的には許容されるでしょう．

　「うそをついてはいけない」という例で考えてみると，うそをつくことはこの道徳規範に反するため，道徳的に不正ということになります．うそをついた方が結果としてみんなが幸せになれる場合であっても，不正であることに変わりはありません．功利主義者ならば，義務論のこの融通の利かなさを

批判するかもしれません．それに対して義務論者は，先に引用した箇所でロールズが述べていたように，功利主義は結果によって判断が左右されるという「融通」を利かせすぎるので，絶対にゆずられるべきでない正義ですら原理的には保証できないという致命的な欠点があると反論するでしょう．義務論に魅力を感じる人は，この妥協のなさに魅力を見いだしているのかもしれません．

(2) 義務論の問題点(1)

　義務論に対して指摘されてきた他の問題点も考えてみましょう．まず考えられるのが，違反したら不正となるような道徳的義務にはどのようなものがあるか，道徳的義務とそうでないものとを区別できるか，さらに言えば道徳的義務の一覧表を作成できるか，といった疑問です．

　第1章でも触れられていたように，倫理的な判断を行える人工知能を作成しようという試みがすでに行われてきています．そうした試みのいくつかでは実装すべき道徳的義務を決定するために，倫理学者などに道徳的義務をリストアップしてもらうという作業を行っているものがあります．倫理学者は専門家であるので，たしかに道徳的義務の候補にはどのようなものがあるのかについて，他の人と比べれば，よく知っているかもしれません．とはいえ，こうしたやり方ですべての道徳的義務を網羅できる保証はありません．

　また，道徳的義務とされているものが本当にその名にふさわしいか見きわめるには，何らかの基準がなければいけないように思われます．このような基準をカント主義的な発想では普遍性に求めます．ここでの普遍性の意味は，いつでも誰にでも例外なく当てはまるものとして運用される，ということだと考えてもらえばいいでしょう．たとえば「盗んではならない」というルールがあると考えてみましょう．このルールが意味するのはもちろん，いつでも誰であっても盗んではならないということです．「お前たちは盗んではいけないけど，自分だけは構わない」というルールを披露しても，道徳的義務

を示したルールとはみなされないでしょう．普遍性は道徳的義務が持つ特徴のひとつであるというこの考え方は，広く支持されていますが，完璧なフィルターとして働くとは考えられていないこともまた事実です．その理由のひとつは，道徳的義務以外にも普遍的なルールは存在するからです．したがって，非常におおまかな基準ぐらいに考えておいてください．

(3) 義務論の問題点(2)

二つ目の問題点は，道徳的義務の一覧表が作成できたとしても，複数の道徳的義務が両立しない状況，つまりある道徳的義務を守ろうとすると必然的に他の道徳的義務を破ってしまうような状況をどう処理すればいいのかわからないというものです．倫理学でよく例として出される仮想状況のひとつに，殺し屋に追われている人の例というものがあります．あなたが自分の家にその人をかくまってあげた直後に，殺し屋がドアをノックします．誰か逃げてこなかったかという殺し屋の質問に対して，他人の命を救うためにうそをつくか，それとも自分がうそをつかないために人が命の危険にさらされることを仕方ないと考えるか．この状況では「うそをついてはいけない」というルールと「命の危機にさらされている人は助けてあげなければいけない」というルールの両方を守ることは不可能です．両方とも道徳的義務であるとするならば，義務論者はこの状況をどう処理すべきなのでしょうか．先に述べたように，道徳的義務が「いつでも誰にでも当てはまる」ものである限り，どうしようもないように思われます．したがって道徳的義務の普遍性をゆるめる必要がありますが，恣意的にならないように工夫した仕方でそれを行う必要があります．

一つ目の案は，第1章で紹介されたアシモフのロボット工学三原則のように，義務を示すルールの間に優先順位をつけることによって，それらが衝突しないようにするという方法です．しかしアシモフ自身が作品で示しているように，優先順位が与えられてもうまく処理できない場合があります．また，

アシモフの場合のようにたった三つしかルールがないのであれば一貫した順序づけも可能ですが，すべての道徳的義務にそうした順序を与えられるかどうかは不明です．

二つ目の案として，W・D・ロスが提案した[11]「一応の義務」という考え方があります．ここでいう「一応」は日常的な日本語の意味とは異なっており，prima facie という言葉の訳語です．その意味をおおまかに説明すると，「他に考慮すべき重要な事情がなければ，そのまま適用される」というぐらいの意味です．先の例で言えば，人殺しに追われている人をかくまっているというのは，考慮すべき重要な事情だと言ってよいでしょう．この事情の重大さを考慮すれば，この場合に限り「うそをついてはいけない」というルールをキャンセルしてもよいのではないでしょうか．この対処方法の問題点は，義務同士の衝突を解消するための原理的な方法が定められていないことです．先の例では「命の危機にさらされている人は助けてあげなければいけない」の方が「うそをついてはいけない」よりも優先されるべきというのに異論が出されることは少ないと思われますが，複数の義務の間で常にそうした優先順序が明らかだという保証はありません．

ここで功利主義が助け舟を出すかもしれません．いずれも重要な道徳的義務が衝突した場合には義務論から功利主義にスイッチして，いずれの義務を優先すべきかを帰結に基づいて判断するという複合的な立場を考えることができます．このように，基本的なルールは功利性の原理ひとつだけであり，あらゆる状況を根本的にはこれひとつで処理できると考える功利主義には，倫理理論としての一貫性が問題になる状況での有利さがあります．

とはいえ，これだけで功利主義の方が優れているということにはならないでしょう．功利主義が義務論を補うだけではなくて，前節ですでに説明したとおり功利主義の働きがどうもおかしくなると思われるような状況に対応するために，二次的なルールとして道徳的義務を導入するという方針がとられ

---

11) Ross, W. D., *The Right and the Good*. Oxford University Press, 1930.

ることもあります．功利主義的要素と義務論的要素をどう組み合わせるかは，規範倫理学理論の洗練を目指す中で論じられてきた重要な議論のひとつなのです[12]．

2-6　第三の立場：徳倫理学

(1)　性格の評価

　功利主義と義務論はライバル関係にあると言っていたのに，前節の最後では，なんだかんだで仲は悪くないみたいな話になってしまいました．もちろん両者の間での対立はあります．しかしながら，規範倫理学について説明した第3節で述べた通り，そもそも「行為や政策の正しさを評価する基準についての理論」という共通点がこの二つの立場の間にはあるのです．ではこの点を共有しない規範倫理学上の立場はあるのでしょうか．この節で説明する徳倫理学がそうです．

　まず，「みんなに不良として恐れられている生徒が雨に濡れて震えている子猫を助けているところを偶然目撃して好きになってしまう主人公」という，古くさい漫画にありそうな状況を考えてみましょう．この仮想の場面を自分が読んだとしたら，この不良についてどのような評価をするか想像してみてください．正しい行為をしたという評価が最初に浮かぶという人はあまりいないのではないでしょうか．おそらく，この仮想の漫画の作者がこの場面を描いた意図は，この不良が（本当は）いいひとであり，「親切さ」や「優しさ」といった他人から好意を持たれるに値する性格をした，すばらしい人物だと読者に伝えることにあるように思われます．

---

[12] このような議論の具体例に関心がある人は，次の文献の34～39ページを読んでみてください．伊勢田哲治『動物からの倫理学入門』（名古屋大学出版会，2008年）．

この例が示しているように，私たちの道徳的な評価は，行為や政策だけを対象とするのではなく，ある人物が持つ性格や態度などに関連する基準に基づく場合もあります．徳倫理学は性格や態度に評価の焦点を置く倫理学理論なのです．徳倫理学を規範倫理学の議論に加える利点のひとつは，私たちの道徳的評価のあり方が豊かなものであることが明確になることにあります．なんらかの基準に照らして行為などが正しいかどうか判断するだけが道徳的評価であるという考え方は，とても狭く偏ったものではないでしょうか．

また性格や態度を表す語彙の豊かさも注目すべき特徴です．すでに挙げたもの以外にも，好ましいと評価される性格には「冷静さ」とか「寛大さ」とか「忍耐強さ」などいろいろありますし，好ましくないとされる性格にも「冷酷さ」や「打算的」などさまざまなものがあります．こうした語彙の多様さは，私たちの道徳的評価のあり方の豊かさを示しています．なお，好ましい性格のことを徳という用語を使って表すのに対して，好ましくない性格の方は悪徳と言います．

(2) 徳倫理学の特徴

さて，規範倫理学としての徳倫理学の特徴はどのようなものでしょうか．まず，行為や政策の評価が基本的には一回ごとのものという性格を持つのに対して，性格や態度の評価は比較的持続したものと考えられます．たとえば，ふだんは優しい先生が生徒を厳しく叱っている場面を一度目撃したとしても，その先生が優しい性格をしているという評価は必ずしも覆りません．その先生をよく知っている人なら，何かそうしなければいけない事情があったのだろうと推測するでしょう[13]．

この特徴から次のような利点が生じます．徳倫理学は，一回一回の行為で

---

13) 先の不良の例は，主人公が不良のことをそれほど深くは知らなかったので一回の印象的な振る舞いで評価が変わったという点で，この例とは条件が違っています．

はない，持続的な習慣やライフスタイルについて説明するのが簡単にできます．たとえば，省資源やリサイクルに配慮したライフスタイルの望ましさという問題を考えてみましょう．持続可能性に貢献するためには，省資源やリサイクルを一度行うだけではまったく不十分で，ライフスタイルとして習慣的に続けなければいけません．環境に配慮する態度を身につけることによって，そうした習慣を自然に行うことができるようになるでしょう．実際このような問題関心をひとつの理由として，環境倫理学の分野では環境徳倫理学と呼ばれる立場が登場してきています．また態度を身につけるという点と関連して，人びとが環境に配慮する態度を身につけることを目的とした環境教育と呼ばれる重要な教育実践との相性がよい点も，徳倫理学的なアプローチが環境倫理学の分野で有する重要な利点と考えられています．好ましい態度や習慣をどのように身につける（つけさせる）ことができるかという学習可能性についての議論は，徳倫理学の理論上だけでなく，実践上も重要なものなのです．これは環境関連の問題だけに限られません．

環境徳倫理学に関連してもう一点だけ述べると，トマス・ヒル・ジュニアは環境倫理学では権利や社会の効用だけが問題になるのではなく，たとえば「あれほど無造作に樹木を切り倒すことができる人は，どのような性格上の欠点のある人だろうか」といった類の問いも重要だと指摘しています[14]．まさに性格や態度が道徳的評価の焦点であるというわけです．本書にとって興味深いのは，この議論がロボットなどの無生物に対しても適用できるという点です．実際，子供にペット・ロボットを与える際に憂慮すべき問題として，ロボット犬を機械だからといって乱暴に扱う子供は，生命を持つものに対しても同様の暴力性を示す可能性につながる，問題ある態度を身につけてしまうようになるのではないかといった懸念が論じられています[15]．

---

14) Hill Jr., T., Ideals of human excellence and preserving natural environments. *Environmental Ethics*, 5 : 211-224 (1983).

15) このような論点については本書第4章でも扱っています．

その他，功利主義や義務論と対比した場合の徳倫理学の利点として挙げられるものには，義務を超えた行いと呼ばれるものを説明しやすいという点もあります．功利主義や義務論が正しいとする行為は（ある意味で）やって当然であって，やらなければ非難されるようなものです．たとえば，燃えさかる火事の現場に飛び込んで子供を救い出すというような英雄的な行いは，やらなければいけない行いとは通常はみなされません．つまり義務ではないということです．しかし勇敢さという徳を備えた人は，普通の人には真似のできない特別な行いを示し，それゆえに称賛されるでしょう．こうした行いは誰もが行うべきものとは言えませんが，人間の倫理性の重要な一部をなしているのではないでしょうか．もしそうであるなら，倫理学理論は倫理性のそうした部分も説明できなければいけないように思われます．

(3) 徳倫理学の問題点

ここで徳倫理学についても，その問題点を三つ挙げておきましょう．まず，義務論の場合と同様に，徳や悪徳の一覧表を作れるかという問題があります．徳や悪徳に関連する語彙が豊富なことは，道徳的評価の豊かさを示すものですが，何が徳かについての（少なくともおおまかな）合意はやはり必要であるように思われます．実際，完全な一覧表を作成するのは困難であるとしても，昔から四元徳[16]といったかたちでとくに重要な徳がリストアップされてきました．ただし，とくに重要な徳についても完全な合意があるわけではありません．また，何が徳とみなされるかや，どんな人物が徳のある人とみなされるかは，文化や時代によっても異なっているかもしれません．たとえば環境徳倫理学では環境に配慮する態度などを総称して「環境的な徳」と呼びますが，現在のような環境問題が登場してくる以前には，そのようなものが

---

16) 古代ギリシャ以来，西洋では知恵，勇気，節制，正義の四つが中心的な徳とされてきました．

重要な徳と認識されることはなかっただろうと思われます．だとすると，ロボットがより身近になった将来の社会では，現在は存在していない，ロボットに関連する徳が重要な徳とみなされるようになるかもしれません．

次に，ある状況で発揮されるべき徳がひとつではない場合にどうすべきか，という問題があります．たとえば友人が自分は能力不足なのではないかと深く思い悩んでいる（そしてそれは事実である）とします．この状況にふさわしい態度は，本当のことを言ってあげるという率直さでしょうか，それとも友人を傷つけないよう配慮する繊細さでしょうか．これは難しい問題です．ひとつの考え方は，人によってどちらを選ぶかは違うかもしれないけれど，どちらも状況にふさわしい，本当の友人が取るべき態度でありうるというものです．少なくとも，いかなる場合も適切な態度はひとつしかないと想定しなければならない理由はありません．

第三は，徳倫理学は具体的にどうしたらいいかわからない状況での指針を示してくれないのでは，という疑問です．功利主義や義務論と違って，徳倫理学は行為の正しさの基準を教えてくれないように見えます．たしかに徳倫理学にとって主要な関心は性格や態度の評価であって，行為の基準には二次的な重要性しか与えられていません．しかし徳倫理学も行為の基準を与えることはできます．ひとつ例を挙げるとすれば，その状況で徳のある人が行動するのと同じように行動するのが正しいという基準が提案されています．

この基準の問題は，功利主義や義務論と比較した場合，それらよりも判断を下すために従うべきルールや手続きとして記述しにくいように思われる点です．しかしながら，そもそも徳のある人自身が何かの機械的な手続きに従っているわけではないでしょう．本当に親切さという徳を身につけた人というのは，もっと自然に，何気なく親切な行いができる人のことを言うように思われます．たとえば「親切さのルールに従ってあなたに親切にした」と本心から述べる人物に出会ったとしたら，私たちはその人物を本当に親切な人とは感じないのではないでしょうか[17]．

とはいえ，とりわけ機械に道徳を実装するという第1章で述べたような問

題関心に立てば，「徳のある人だったらどう行動するかを知るための手続きはどのようなものか」という疑問は重要な問いとして残るでしょう．回答のひとつは，そういう人の実際の行いを見習って，学べばよいというものです．環境徳倫理学に言及したところですでに述べましたが，徳を身につける過程での学習は，徳倫理学的な理論にとって重要な要素となっています．また，学習の過程においてお手本となる「徳の教師」の重要性についても，このような理論では強調されることがあります．ジョージ・ワシントンが子供のときに桜の枝を折ったことを正直に謝ったといった類の，いわゆる偉人伝もこうしたお手本のひとつと言えます．

　お手本から十分に学習して徳を身につけた後は，教師なしでもその状況においてふさわしい判断が自分でできるようになるでしょう．そのようにして学習された規範は，必ずしも人間にとって読みやすいかたちで記述できる，限られた数のルールや手続きにすることはできないかもしれません．しかしそれは，規範が存在しないということと同じではありません．

　ここで最近の人工知能技術の発展について考えてみましょう．大量のデータや事例を学習させることで，人間がアルゴリズムを設計しなくても，高度な判断能力を備えたシステムができ上がることが示されています．もちろん，写真の分類やチェスや囲碁のようなゲームと同じように道徳的判断を機械に実装できるか，現時点ではわかりません．しかし，問題の状況とどういう解決が行われたかについての大量のデータの分析に基づいて，高度な道徳的判断を行う人工知能システムが登場する可能性を，完全に否定することもできないのではないでしょうか．

---

17) 同様に「全体の幸福が最大化されるからそうした」とか，「義務に基づいてそうした」と本心から述べる人物にも，私たちは違和感を覚えるかもしれません．

2-7 おわりに

　この章では規範倫理学上の立場として功利主義（帰結主義），義務論，徳倫理学の三つを説明しました．規範倫理学の概観を示すという目的のため，それぞれできるだけシンプルなかたちで説明するようにしましたが，実際にはそれぞれの立場の内部でヴァリエーションがかなりあり，検討すべき論点もまだまだたくさん残っています．そうした点についてもっと深く知りたい場合は，手始めとして章末に挙げる参考文献を読んでみてください．

　ところで，結局どの立場が一番正しいのか，という疑問が読者には残っているかもしれません．この疑問に対しては，どの立場も自分だけが正しいと主張できるほどの議論は示せてはいない，と本章では答えておきたいと思います．どれかひとつの立場で済めば話は簡単になるのかもしれませんが，複数の立場に基づく観点を並べて比較検討することができるというのも悪くありません．結局のところ，わざわざ「理論に基づいて」考えたくなるような問題に出くわすことがあるというのは，私たちが関心を持っている倫理というものがそれだけ複雑だからかもしれません．少なくとも現時点では，規範倫理学においてひとつの正しい答えがあるという保証はどこにもないのです．

　にもかかわらず倫理について考える際に，どれかひとつの立場に機械的に基づきたいと考える人物は，悪い意味で「ロボットのようだ」と言われるかもしれません．しかし，これはロボットにとって不当な言いがかりというべきでしょう．複数の規範倫理学上の立場に基づく観点からの評価を比較検討するようなロボットだって，もしかしたら作れるようになるかもしれないからです．そのようなロボットは，単一の立場に固執する人間よりも柔軟な道徳的推論能力を備えているということになるかもしれません．

　とはいえ，複数の立場を比較検討しても，それぞれから導かれる見解が異なっていたり，どれも明確な見解を導くことができなかったりして，何が正しいのか決定的な結論が出せない場合もあるでしょう．これは規範倫理学の

限界, あるいは欠陥なのでしょうか. もちろん規範倫理学には限界があります. しかしながら, 規範倫理学のこの限界を学問としての致命的な欠陥と考える必要はありません. そもそも倫理学の目的は, 倫理についての理解や知識を拡大することにあります. 規範倫理学上のそれぞれの立場が抱えている限界, あるいは全体としての規範倫理学の限界が示されること, これもまた倫理についての私たちのより深い理解につながるのです.

さらなる理解のために

　本章の次に読むべき文献をいくつか挙げておきます. まず, 倫理学史的な知識も含めた倫理学全般の話に関心がある人には, 品川哲彦『倫理学の話』(ナカニシヤ出版, 2015年) を勧めます.

　功利主義については, 瀧川裕英／宇佐美誠／大屋雄裕『法哲学』(有斐閣, 2014年) のChapter 01 が功利主義のヴァリエーションや論点についてのよく整理された説明になっていると思います. また, 児玉聡『功利主義入門——はじめての倫理学』(ちくま新書, 2012年) では功利主義に関連するさまざまな話題が扱われています.

　義務論と徳倫理学については, 本章の「すぐ次に読むのに適切」というレベルの文献を探すのは正直に言って難しいことです. とりあえず義務論については, 使われている用語などがやや難しいかもしれませんが, 赤林朗編『入門・医療倫理Ⅱ』(勁草書房, 2007年) に収録されている, 堂囿俊彦「第2章　義務論」がコンパクトにまとまっています. また, 先に挙げた品川の本のカントを扱った2つの章にも目を通してみてください.

　本章では徳倫理学が第三の立場として注目されるようになった倫理学研究上の歴史的経緯については触れていません. この点については, 伊勢田哲治『動物からの倫理学入門』(名古屋大学出版会, 2008年) の281～284ページで簡潔に説明されています. その他, この数年で徳倫理学をあつかった論文集や専門書が翻訳されたりして読者が手に取りやすくはなりましたが, そうした論文集などは必ずしも取っつきやすくはありません. それでもこれらの本の序文とか, 訳者解説などに目を通すことによってより理解を深めることができるでしょう.

第3章

私のせいではない，ロボットのせいだ
——道徳的行為者性と責任について考える

　本章では「ロボットの振る舞いに対してロボット自身に責任を帰属することは可能か」という問題を考えていきます．たとえば第1章では，「ロボットは道徳的に良い悪いという観点から評価できるか」という問いを扱いました．そこでは，倫理的規則によってロボットの振る舞いに道徳性を実装する試みとその困難をみました．また，後の第7章では，「自律型ロボットの使用が戦争責任を曖昧にする」といった議論や，「ロボットによる殺人が人間の尊厳を傷つける」といった議論が，自律型殺人ロボットの利用に反対するために登場します．これらの問いや議論の背景にあるのは「ロボットは私たち人間のような道徳的な責任主体たりえない」という直感です．言い換えるなら「ロボットは私たちと同じ仕方で自らの振る舞いをコントロールしていない」と一般的には考えられているということでしょう．

　私たちは，たとえ同じ損害が生じたとしても，その損害を生み出したのが何かによって，責任の帰属の仕方を変えます．たとえば，大人の男性が故意にあなたにぶつかり，あなたにけがをさせたとしましょう．あなたは「何てことをするのだ」とその人を道徳的に非難するでしょう．また，法律に基づいて刑事告訴をする場合もあるでしょう．しかし，それが幼い子どもの振る舞いであったなら，あなたは子どもを叱りつけるかもしれませんが，それは大人に対する非難と異なるものでしょう．また，ことによるとその子どもの親に対して「どういうしつけをしているのだ」と非難をし，釈明を求めるか

もしれません．さらにこれがイノシシや崖から落ちてきた岩だったら，あなたはそもそも非難したり訴えたりしないと思います．第1章や第7章の議論に登場するロボットは，私たちが用いている倫理的規則をある程度備えているわけですが，それだけではイノシシや岩のレベルに留まっているというのが現状なのかもしれません．

とはいえ，ロボットに責任を帰すことは「現状では不可能」の一言で片づくようには思えません．たとえば，第7章の議論にも登場しますが，2016年の5月にテスラ・モーターズ社の自動運転車がドライバーを死亡させるという事故を起こしました．この場合，同じく自動運転車を開発するボルボやメルセデス・ベンツのように，事故の際にはメーカーが損害を賠償するという発想がありえます．とはいえ，自動運転車が人身事故を起こした際，その道徳的非難や，業務上過失致死傷罪のような刑事罰までメーカーが甘んじて受けるとは思えません．私たちは「自動運転車の利益を考えると事故は社会的リスクなのだから仕方がない」と単にあきらめることができるでしょうか．

さらに話を進めましょう．第5章にはさまざまな「ソーシャル・ロボット」が登場します．そこでは「ペッパー」や「PALRO（パルロ）」といったコミュニケーション・サービスを担うロボットや，子どもの世話をするロボット，性的サービスを提供するロボットが挙げられています．これらのロボットは，人間と親密な関係を持つようにデザインされ，さらには人間の感情を読み，自らも感情を持つかのように振る舞うと考えられています．このようなロボットが身近にあふれた時，私たちはイノシシや岩以上のものとして扱いたくならないでしょうか．すなわち，ロボットが良いことをした時には感謝をしたり，また悪いことをした場合には道徳的な意味で怒ったりしたくなるのではないでしょうか．

ここに至って，私たちは「ロボットに責任を帰属する」ということを真剣に考えてみる時期にきているように思えます．そこで，本章ではロボットが責任の主体となる可能性について，自由意志問題という哲学上の議論に基づいて検討したいと思います．その上で，「ロボットに責任を帰属する」とい

うことが何を意味しているのかについて，いくつかの提案をします．

とはいえ，本章でできるのは，今後の議論のための土台となる可能性を確保するというところまでです．そしてそれは，自由意志問題をめぐる理論の中で有力視されているものを組み合わせる，という方法でなされます．これらの理論は有力ではあれ，決定的なものではありません．したがって，本章で導く可能性とその含意は「私たちがこれらの理論を採用できるなら」という条件つきのものです．しかしながら，それぞれの議論は，私たちが今もっている責任概念を改めて考えなおさせるのに十分な説得力をもっています．そして，この考察を通じて「人間に対する責任帰属のハードルは思ったより高くない」と気づくかもしれません．それは，私たちが「ロボットへの責任帰属」という新しい実践を真剣に考える出発点となるでしょう．

さて，以下では自由意志問題をめぐる哲学的議論を紹介していくわけですが，その前にしておくことがあります．それは本章で「責任」という言葉が何を意味しているかを確認することです．この言葉は哲学・倫理学の文脈では専門的な意味合いで使われていますので，第1節ではそれを押さえておきましょう．加えて，自由意志問題とはどのような問題で，どのような立場があるのかをそこで確認しておきます．第2節からは理論の紹介に入ります．第2節では「両立論」という立場に属する考えを見，そして第3節では両立論に反対する「非両立論」の立場を考察します．最後に第4節でロボットへの責任帰属の可能性を結論したあとで，それがどのような意味をもつのかという問いを考えたいと思います．

3-1 「ロボットに責任を帰属する」とは？

(1) 責任とは何か

「ロボットに責任を帰属する」と言いますが，私たちが使っている「責任」

という言葉には多義的なところがあります．また，先に述べたように，哲学・倫理学では私たちの使う日常的な意味とは少しずれた使い方がされています．そこで，まずは本章で扱う「責任」がどのようなものかを明確にしておきましょう．哲学の議論では「責任」は多くの場合 responsibility という英語の翻訳として用いられますが[1]，これには「未来指向的」なものと「過去指向的」なものという二つの側面が含まれています．未来指向的な責任とは，「教師には生徒を平等に扱う責任がある」のように，（多くの場合）特定の役割を担う人に求められる一定の行動義務を指します．つまり，この意味で「ロボットに責任を帰属する」ということは，ロボットに特定の役割を与え，それに付随する責務を課すということになります．

その一方で，過去指向的責任は，「あの事故で子どもが亡くなった責任はあなたにある」のように，過去に生じた行為およびその帰結に対して与えられる「報い」（サンクション[2]）を意味します．事故の事例では，あなたは「事故を起こした」という行為と「子どもが亡くなった」という帰結に対して，「非難される」もしくは「刑事罰を受ける」という「報い」を受けます．以下の議論で注意してほしいのは，「報い」には「よい報い」もあるという点です．たとえば川で溺れている子供を助けた行為が称賛されたり，陸上競技の男子100m種目で世界記録を更新した際に栄誉や尊敬を受けたりすることがこれにあたります．したがって，この場合に「ロボットに責任を帰属する」ということは，ロボットのした行動に対してロボット自身を道徳的に称賛・非難したり，刑事罰を与えたりするということを意味します．

この2種類の責任はさらに法的な責任と道徳的な責任に区別できます．ここでいう「道徳的」とは「法的ではない」という意味です（第2章に照らす

---

1) 法哲学者のH・L・A・ハートは責任には四つの意味があるとしています．すなわち，役割責任，因果責任，負担責任，能力責任の四つです．本章で扱うのは主として負担責任です．
2) 元の英語は sanction で，これはしばしば「制裁」と訳されますが，本章の内容上これは不適切な翻訳です．

指向性 種類	法的	道徳的
未来	勤労・納税の義務など	うそをつかないなどの義務など
過去	刑罰，損害賠償など	非難・称賛，栄誉など

なら，正確には「宗教的」でもないことを含みます）．簡単に言えば，私たちが法律ではなく，個々人のもつ基準に従って人びとに期待する役割，もしくは行為に対する称賛・非難が「道徳的責任」ということです．たとえば，「親は子を愛するべきだ」というのは道徳的な未来指向的責任です．また，それに基づいて子を愛さない親を非難するなら，それは道徳的な過去指向的責任を帰属していることになります．対して，子供に教育を受けさせるのは親の法的な未来指向的責任ですし，子の虐待によって罰せられるのは，法的な過去指向的責任ということになります．なお，道徳的責任と法的責任は排他的ではありません．同じ人が法的役割と同様に道徳的役割を期待されることもあれば，道徳的非難と法的処罰が同時に課されることもあります．

以上をまとめると上表のようになります．

以上の区別をした上で，本章では考察対象を道徳的な過去指向的責任に限定したいと思います．その理由のひとつは，第2節，第3節の議論で哲学者の念頭に置かれているのが主としてこの責任だからです．加えて，法的責任を扱わないのは，法的責任には刑事責任と民事責任の2種類があるためです．とくに，損害賠償のような民事責任の場合，以下で説明する行為者性よりも過失や注意義務にウェイトが置かれているため，本章で扱う伝統的な議論の内容にそぐわないという点が挙げられます．未来指向的責任を扱わないのは，単にロボットに一定の役割を期待するのはその仕様上当然だからです．というわけで，本章で考察する「ロボットに責任を帰属することは可能か」という問いは，「ロボットのとった行動およびその帰結に対して，ロボット自体を道徳的に褒めたり，非難したりすることが可能か」ということを意味することとして，以下の話を進めたいと思います．法的責任については，第4節で短く言及する程度にとどめます．

(2) 道徳的行為者性

ロボットを含め，責任の問題はより広くは「行為者性」の問題として語られます．そこで，両者の違いを説明しておきましょう．私たちが誰かの行いを称賛したり非難したりするには，まずもってその行いが「その人のもの」であることが必要です．言い換えるなら，誰かに責任を帰属するには，それに先立ってその人にその行いを帰属できなければならないということです．加えて，その行いは第2節でみるような一定の条件を満たしていなければなりません．私たちが，たとえば自分にぶつかった人を非難するには，単にその悪い出来事がその人から因果的に生じているのみならず，その行いがその人自身にコントロールされている必要があるのです．岩やイノシシにぶつかられても私たちは非難をしません．同様に，大人の人間であっても，たとえば誰かに強く突き飛ばされたりした場合には私たちはその人を非難しないでしょう．私たちは人間が引き起こした出来事であっても，一定の条件を満たすものしか非難しません．この条件を満たしていること，すなわちある出来事が行為であることを示す性質を「行為者性」と呼びます．

哲学において「行為」とは，このような一定の条件でコントロールされて生じた特別な出来事を指します（対して，たとえ人間のものであっても，そのような条件を満たしていないものは「振る舞い」や「行い」として本章では区別しています）．この「行為」を生み出す能力を備えた存在者を「行為者」と呼び，行為者のみが責任の主体となりえます．ですから，「ロボットに責任の帰属は可能か」という問いは，その前段として「ロボットは行為者でありうるか」および「ロボットの行いは行為たりうるか」という問いを含んでいます．ただ，これらは曖昧で，私たちが直接判断しにくい問いだと言えます．そこで，行為者性の十分条件として機能する，責任に関する問いを代わりに検討するというのが責任論では一般的になっています[3]．つまり，行為者性

---

3) 法的責任のうち，刑事責任は主としてこの行為者性を前提としています．対して，

に関する問いは,「ロボットは道徳的称賛・非難の対象という意味での道徳的行為者でありうるか」という形で考察されているということです.

このように考えると,「ロボットの振る舞いを道徳的に非難する」という事態は,たとえば八つ当たりのように,表面的に感情をぶつけることとは異なることがわかるでしょう.またそれは,たとえば人形を子どもに見立てるように,ロボットを単に擬人的に扱うこととも異なります.「ロボットの振る舞いを道徳的に非難する」ということには,責任すなわち称賛や非難を正当化する行為者性があり,行為者性を実現するさまざまな性質に対する考察が含まれています.また,道徳的行為者であることは,第4章で検討する「道徳的被行為者」であることをも意味します.その詳細は第4章にゆずるとして,ロボットを道徳的行為者として扱うなら,特別な理由がない限り害を加えない,といった道徳的配慮の対象としても扱わなければならないでしょう.さらに法的な側面に目を向けるなら,ロボットの行為者性を認めることには,ロボットに法的権利を認める可能性も含まれるかもしれません.第8章で考察するように,ロボットの描いた絵に著作権を認めるか,というのも行為者性の議論に含まれます.ロボットへの行為者性の帰属の是非は,このような広い考察範囲と含意に照らして判断する必要があるのです.

(3) 責任と自由意志問題

さて,「行為」は人間にのみ可能なものと伝統的に考えられてきました.というのは,行為者性の条件として自由意志が要請されてきたためです[4].代表的なのは第2章でも名前が出てきたイマヌエル・カントです.彼は道徳

民事裁判ではそれが必要条件とされないことが度々あります.たとえば,子供が他人の家のガラスを割った際に,親が弁償するという事例がそれにあたります.この意味で,刑事責任は道徳的行為者性の検討と相性がいいと言えるでしょう.

[4] その他の条件としては,帰結やルールを理解できる合理性や,行為した人と責任を帰属される人が同一であることという人格の同一性が挙げられます.

的行為者性の条件を「自由意志から道徳的義務を理由に行動できる」という「自律」にもとめました．そして，彼は自律が可能な人間を「人格」として，道徳的行為者の地位を与え，他の事物と区別しました．このような特別な能力を前提とするなら，第1章に登場する，単に規則に従うだけのロボットが道徳的行為者たりえないと感じるのには一理あります．

とはいえ，このように考えられてきた自由意志については，その存在を疑問視する哲学的議論があります．それは，私たちの世界の見方と関係があります．世界に生じる出来事には必ず原因があり，しかも原因と結果の関係には何らかの法則性があると考えるのが当たり前のように思えます．そして，この考え方は私たちの行為にも当てはまりそうです．すなわち，私たちの行為にもやはり原因があり，そこには何らかの法則性があるだろうということです．たとえば，私が手をあげるのにしても，まず「腕をあげよう」という思いがあり，次に脳から電気刺激が腕の筋肉に伝えられ，それが腕の筋肉を収縮させて，最終的に手があがります．この時，筋肉や脳，そして精神の状態が同じであれば，「腕をあげよう」と思ったときには必ず腕があがるに違いありません．腕があがる直前に成立している条件と，「腕があがる」という出来事には，「腕があがらない」という可能性を排除する必然的な関係がありそうです．この原因と結果の必然的な関係は自然法則と呼ばれますが，「腕をあげる」といった私たちの行為だけでなく，そのような行為の意図をもつことをも含めて，世界に起こるあらゆる出来事が先立つ原因をもち，自然法則に基づいて生じるなら，私たちは自由な選択を行えないように思えます．というのは，自由な選択には選択の可能性が必要で，原因と結果の必然性はこの可能性を排除するためです．このようなことを前提した上で，自然法則と私たちの自由な選択がどのような関係にあるのか，とくに自然法則を前提した際に自由意志が存在するのかという問題が，自由意志問題と呼ばれる哲学上のテーマです．

世界に生じるあらゆる出来事には原因があり，原因と結果の法則性に従って生じるという考えを普遍的因果的決定論と呼びます（以下では単に「決定

自由・責任＼決定論	肯定	否定
肯定	両立論	自由意志実在論
否定	ハード・デターミニズム	なし

論」と呼びます）．この決定論をどうとらえるかで自由意志論争上の立場が分かれていきます．まず，決定論が正しくても私たちの自由や責任はなくならないという立場は「両立論」と呼ばれます．逆に決定論と私たちの自由や責任は対立するため，いずれかについての私たちの考えが誤りだとする立場は「非両立論」と呼ばれます．非両立論はさらに二つに区別されます．すなわち，決定論は正しいのだから私たちには自由も責任もないとする「ハード・デターミニズム」と，私たちには現に自由があるのだから決定論は間違いだとする「自由意志実在論」（リバタリアニズム）です．これらを整理すると上表のようになります．

　現状ではロボットの行動はコンピュータで制御されていますので，おそらくは決定論的でしょう．先述のカントは自由意志実在論者ですが，彼のように自然法則の必然性を超えた力として自由意志を想定するなら，ロボットが自由意志を備え，ゆえに責任主体となることは相当難しそうです．しかし私たちには両立論の道があります．そこで以下では，両立論の考えを見た上でロボットへの責任帰属の可能性をまずは確保しましょう．

　古典的な両立論では，自由とは「欲求が妨げられずに実現されること」だと考えられました．人が何かを欲求し（たとえば，教室から出たい），その欲求が当人の性格や能力以外の条件によって妨げられずに行動に移されるとき（たとえば，ドアに鍵がかかっていない），その人はその行為について自由だということです．これは一言で「外的障害不在の自由」と呼ばれます．両立論はこのような考えから始まり，現代では「行動がしっかりとコントロールされていること」という発想に落ち着いていきます．次節では両立論の代表的思想としてフィッシャーとラヴィッツァの理論を紹介しますが，その前に彼らに大きな影響を与えたP・F・ストローソンの考えを見ることにします．

3-2 ロボットも責任主体になれるかも？：両立論の考え

(1) ストローソンの反応的態度説

ストローソンが1962年に発表した「自由と怒り」[5]は20世紀の責任論を大きく展開させ，以降の議論に強い影響力を示した論文です．彼がここで展開した「反応的態度」という考えは現在の責任論の基礎となっているだけでなく，ロボットへの責任帰属を考える上で非常に有益です．その理由はひとえに，彼以前の哲学者が責任の条件を行為の構成条件に求めたのに対して，彼はそこを離れて「特定の条件を満たした行為者間のネットワーク」に道徳的責任の基礎を求めたところにあります．

さて，反応的態度とは何でしょう．彼は「害をこうむった人やよいことをされた人がもつ態度・反応であり，感謝，怒り，許し，愛，精神的苦痛がそれにあたる」としています．私たちは人から親切にされれば相手に感謝するでしょうし，うそをつかれたりたたかれたりすれば腹を立てます．このような，自分によいことをしてくれた人や害を加えた人に対して，受け手のあなたが抱く感情が反応的態度です．加えて，たとえば自動車事故のニュースを見て腹を立てるように，私たちは自分が当事者でない場合にも似たような感情を抱くでしょう．この種の第三者に抱く反応的態度は「立場交換的態度」と呼ばれます．また，自分のした行為を後悔する場合もあります．このときには，自分自身に向けて反応的態度が生じているわけですが，これは「自己反応的態度」と呼ばれます．この三つは「対人的態度」とまとめられますが，私たちはこの種の感情をやりとりするなかで，「対人的関係のネットワーク」

---

5) P・ストローソン著，法野谷俊哉訳「自由と怒り」，門脇俊介／野矢茂樹監訳『自由と行為の哲学』春秋社：31-80, 2010年（Strawson, P., Freedom and resentment. *Proceedings of the British Academy*, 48：1-25, 1962）．

を形成します．そしてそのネットワークに属すことが道徳的な主体性の確保につながるのです．

　反応的態度はネットワークの内にいる人びとに向けられる感情ですが，私たちはネットワークの外のものに対してはこれとは異なる反応をします．それは「客体への態度」と呼ばれるのですが，単なる物，子どもや動物などに対する操作的な扱いや訓練という接し方，そして無視といった反応が含まれます．では，この二つの態度を分けるものは何でしょう．ストローソンは「一般的に，私たちは，善意や尊重する気持ちをある程度示すことをこうした［対人的］関係の相手に対して要求する」と言っています．また，反応的態度において重要なのは「他人の行為……が自分に向けた，善意，愛情，尊重という態度を映し出しているのか，それとも軽蔑，無関心，悪意を映し出しているのか」だとしています．これらのことからわかるのは，対人的関係のネットワークの中では，私たちは互いに一定程度の善意や尊敬を要求しあっているということです．そして，この善意や尊敬が行為に反映される程度に応じて，さまざまな種類の態度が生みだされるというようにストローソンは考えているのです．したがって，このネットワークに属すには，「一定の善意や尊敬の要求に応えることができる」ことが必要です．たとえば，あなたがうそをつかれて傷ついたとしましょう．あなたは相手を「なんでうそなんてついたりするの」と非難します．この非難の裏には実は善意や尊敬への期待があるということです．「本当なら私に敬意をはらってくれるはず」と思っているからこそ，相手の悪意に怒るのであって，その期待がなければ私たちは反応的態度を相手に抱きません．たとえば子どもにするように，教育やしつけといった方向に私たちの態度は向かうでしょう．

　この要求は一見低く，ロボットにも実現できそうですが，善意や尊敬への期待に応えられ，反応的態度の対象となるためにどのような能力や性質が必要になるのかはわかっていません．私たちはロボットの行いに素直に感謝することができるでしょうか．反応的態度を向けられるのに必要な能力や性質について詳細がわかれば，この疑問は解消するかもしれません．そこでフィ

ッシャーとラヴィッツァの理論を見ることにします．

(2) フィッシャーとラヴィッツァの理由反応性説

フィッシャーとラヴィッツァが著書『責任とコントロール』[6]で展開した責任論は，20世紀責任論のひとつの到達点だったと言えます．彼らはストローソンの議論を引継ぎ，行為者の能力に焦点を当てて，行為者の能力と行為との関係から責任帰属の条件を考えました．彼らはこの条件を一言で「誘導的コントロール」と呼ぶのですが，これは二つの条件から説明されています．第一に，適度な理由反応性をもつ行為者の身体的・精神的メカニズムから行為が生じていること．第二に，そのメカニズムが行為者自身のものであるということです．それぞれの中身を順に確認しましょう（条件の全体像については68ページの図を参照してください）．

適度な理由反応性

第一の条件から考えていきましょう．この条件は二つの部分に分けられます．すなわち，「行為者のメカニズムから行為が生じている」という部分と「そのメカニズムに適度な理由反応性が備わっている」という部分です．まずは後者の部分から見ていきましょう．

理由反応性という考えは現代の責任論において最も重要なもののひとつです．これには理由の発見に関わる合理性の部分と，理由を行動に移す意志にかかわる部分が含まれます．それぞれは「理由受容性」，「理由対応性」と呼ばれています．「適度な理由反応性がある」とはこの二つの性質が強すぎもせず，弱すぎもしないということを意味しています．

理由受容性の方から見ていきましょう．理由受容性とは何かをする理由を

---

[6] Fischer, J. M. & Ravizza, M., *Responsibility and Control : A Theory of Moral Responsibility*. Cambridge University Press, 1998.

見つける力です．たとえば，明日が締め切りの原稿を書くために家にこもるか，Jリーグの優勝が決まるサッカーの試合を見に行くか悩んでいるとしましょう．理由受容性があるということは，たとえば「締め切りの約束は守るべき」とか，「担当の編集者に迷惑がかかる」，「仕事を早く終わってすっきりしたい」などなど，さまざまな理由に気づくことができるということです．さらにこれが適度であるためには，まず理由に合理的な規則性があることが求められます．たとえば，サッカーの試合に行かない理由に「今からだとチケットが高すぎて買えない」ということがあったとします．この時，「チケットが1万円だから行かない」という理由をあなたが持っているなら，チケットが2万円の場合でも，3万円の場合でも，5万円の場合でも「行かない」理由になると考えるのがふつうです．しかしこのような状況で，「チケットが100万円する」という事実が「行かない」理由にならない（すなわち，「行く」理由になる）としたらあなたは奇妙に感じるはずです．それは理由に合理的な規則性が欠けているからです．このような不合理が理由受容性に含まれないことが，理由受容性の適度さの1点目です．

　理由受容性については，2点目として，道徳的理由に気づけることが求められます．たとえばサッカーの試合に行かずに原稿を書く理由が，「締め切りをやぶったら次に仕事がもらえなくなる」，「編集者に怒られる」という利己的なものばかりで，「編集者の側の迷惑」や「約束を守る」といった他人への配慮にかかわる理由がまったくなかったとしましょう．あなたはこのような人にもある種の奇妙さを感じるのではないでしょうか．この意味で幼い子どもには適度な理由受容性が欠けており，それゆえに子どもは責任を負う能力がないとみなされます．

　理由対応性についてはどうでしょうか．理由対応性とは，気づいた理由に従って行動がとれる力です．たとえば，あなたがどれだけ原稿を書く理由を見つけたとしても，結局サッカーの試合を見に行ってしまうのだとしたら，あなたには理由受容性は備わっているのに，理由対応性が欠けていることになります．たとえば重度の抑うつ状態にある時，理由が十分に認知されてい

ても，それが行動に移されない場合があります．これと同様に，あなたがどれだけサッカーの試合に行かない理由を見つけていても，それを行動に移せないのなら，それはある意味で病的であり，あなたが締め切りを守らないために責められるのは気の毒に思えます．とはいえ，どんな理由にしても，それに気づきさえすれば行動がとれるというのも要求が高すぎます．フィッシャーとラヴィッツァの結論は「ある行動について，われわれが最低限ひとつの理由に対応できるなら，それはその行動に関するあらゆる理由に対応できることを意味する」というものです．もしあなたが，「編集者から催促の電話があれば原稿を書く」という理由から原稿を書くことができるなら，それは「締め切りの約束は守るべきだ」という理由から原稿を書くこともできた，ということになります．彼らは理由対応性をひとつの能力とみなしているため，どれかひとつの理由に従って行動できるなら，その他の理由に従って行動することも可能ということになるのです．加えて重要な点ですが，仮に気づいた理由に従って実際には行動できない場合でさえ，理由対応性は認められます（そうでなければ，行動できなかったときには常に理由対応性がないことになってしまいます）．理由対応性が認められるためには，当人の精神的な，そして身体的な性質と能力を前提した際に，「どれかひとつの理由に従って行動できただろう」と想像ができるだけでいいのです．

以上のことから，「ある人が適度な理由反応性を備える」ということの意味が明らかになりました．それは，合理的な規則性を備えた状態で，道徳的理由を含めた理由に気づくことができ，その理由の内のひとつに従ってその人が行動できると周りの人々が想像できる，ということです．

次に，第一の条件の前半部分の説明に移りましょう．それは「行為者のメカニズムから行為が生じる」という部分です．少し言葉の説明をしましょう．ここで「メカニズム」という言葉で意味しているのは，ある行動をとるために必要な身体の構造とその能力だけでなく，心理的な能力と傾向性もこれに含まれています．たとえば，私が今科目のレポートを書くメカニズムをもっているということは，たいていの場合，ワープロを打てる身体上の機能があ

り，さらにそれらが拘束などを受けておらず，かつ授業内容を記憶し，まとめ，表現できるという知的能力が備わっているということを意味します．さらには単位をとるためという理由や，その理由を行動に移す動機づけの力も必要でしょう．また，貧乏ゆすりや喫煙習慣といった，無意識的傾向性もメカニズムに含まれますが，それが当該行為の実行を妨げるのでなければ，とくに問題とされません．以上をまとめるなら，「ある人のメカニズムに適度な理由反応性が備わっている」は，熟慮などの心理的能力によって行動のいくつかの理由に気づくことができ，癖や習慣といった無意識的傾向性を前提にしても，最低限ひとつの理由に従って行動を実行できる身体的構造と能力がある（と周りの人が想像できる）ことだと言えます．

　それでは，「行為者のメカニズムから行為が生じる」とはどういうことでしょうか．フィッシャーとラヴィッツァによれば，それは「行為者のメカニズムから逸脱的でない仕方で行為が生じていること」だとされています．これは，行為者がもつ理由や動機づけ，知的能力，身体的能力の外部から行為に介入するものがない，と言い換えられるでしょう．最もわかりやすいのは身体の物理的拘束や監禁です．たとえば，レポートの事例であなたが何かの拍子にトイレに閉じ込められてパソコンのある部屋に戻れなかったとしましょう．この時，たとえあなたがレポートを書けなかったとしても，それはあなたが行為をコントロールした結果ではないでしょう．また，心理的介入としてわかりやすいのは脅迫でしょう．あなたがレポートを書かなければならないのに，誰かがあなたを暴力で脅して使い走りに行かせたとします．この時もあなたが自分の行為をコントロールできていたとは私たちは考えないでしょう．その他にも，強力な洗脳や，催眠，依存性の強い薬物，脳の直接的操作，脳の損傷，精神疾患などを彼らはあげています．いずれもこのような種類の介入があった場合，行為は当の行為者のメカニズムから生じたとはみなされず，その行為は行為者自身にコントロールされているとはみなされません．

　ここまでで，フィッシャーとラヴィッツァが責任帰属にとって必要と考え

た誘導的コントロールの内容のうち，その半分を見てきました．ここまでの条件を再度確認しましょう．まずは合理的な規則性と道徳的理由の気づきを含んだ理由受容性があること，次いで最低ひとつの理由に従って行為できると想像できるだけの理由対応性があること，そして最後に，それらが備わったメカニズムから行為が外的な介入なく生じているということでした．彼らの理論が両立論に属しているために，ここまでの議論は徹底的に決定論と整合的です．したがって，ロボットがこれらの条件を満たすのはかなり有望だと思えます．しかし条件はこれだけではありませんでした．誘導的コントロールを行為者が備えるためには，「行為者のメカニズムが行為者自身のものである」という条件が残されています．果たしてロボットは自身のメカニズムを所有できる，すなわちそれを「自分のもの」だと言えるのでしょうか．この点を次に考えてみましょう．

メカニズムを所有する

私たちのメカニズム，すなわち身体上の構造および能力，心理的な能力や性格，傾向性が「私たちのもの」だということはどういうことでしょうか．この問いには別の答え方もありますが，フィッシャーとラヴィッツァはこれが行為者のメカニズムに「責任を引き受ける態度」が備わっていることだとしています．そしてこの態度はさらに次の三つの条件から説明されます．すなわち，自らの行いを原因として世界に何らかの変化をもたらすことが自分にはできると信じていること，自分の行為は道徳的称賛・非難の対象だと考えること，そしてこれら二つの信念を適切な証拠に基づいて形成することの三つです．

これらの信念をえることは子どもの道徳的成長を考えると理解しやすいかと思います．子どもは身の回りにあるものを触ったり，投げたりしながら，自らの行いによって周囲の環境が変化することを知ります．たとえば，ボールをつつけば転がりますし，コップの水をこぼせば周囲が濡れます．このような行いの繰り返しの末，子どもは自らの行いが世界に影響する，因果的に

変化をもたらすことを学びます．子どもがさらに成長すると，自分のした行いによって怒られたり，褒められたりすることを学びます．そしてその繰り返しを経て，自分が何をすればどのような態度が返ってくることを知り，その態度にしたがって自分の行動を変化させるようになるでしょう．さらには，子どもはこれらのことを単に知識として信じ込まされているのではなく，自らの体験によって信じるようになります．これによって子どもが「責任を引き受ける態度」を身につけることになります．

フィッシャーとラヴィッツァはおそらくは決定論との整合性から，メカニズムの所有を「メカニズムを作る」という観点からではなく，「当のメカニズムの適切な承認」として受け取っているようです．そこで重要になるのは，自分の行動次第で世界が変わり，それへの反応として称賛や非難が返ってくることがあるということを知り，その称賛や非難に応じて自分の行動を変える用意があることです．これらの信念や態度はもちろん決定論と整合的ですし，加えて第1章の議論を踏まえるなら，ロボットが身につけることが十分可能だと考えられます．問題はそれを「適切な証拠に基づいて形成すること」ですが，もしロボットが子どもと同じような形で，直接的プログラミングによらずにこのような信念を身につけるのが可能であるのなら，この条件も満たされるかもしれません．現在ではディープ・ラーニングのような人間の神経系を真似したコンピュータの学習過程が存在します．もしかするとこのような方法が，最後の条件を満たす手がかりになるのかもしれません．

以上がフィッシャーとラヴィッツァの理由反応性理論の内容です．ここでは責任にとって重要なコントロールが，理由受容性，理由対応性，外的介入の不在，そして世界への因果的干渉とそれに応じて称賛・非難を受け入れる態度という要素から説明されました．これらの関係をまとめると次ページの図のようになります．

彼らの説をストローソンの議論に引きつけるなら，このような能力と信念をすべて備えた人が対人的関係のネットワークに所属することができ，さまざまな反応的態度の対象とされるということになるでしょう．そして，私た

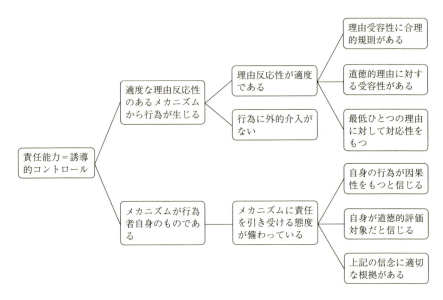

ちがこの種の両立論を採用するなら，一見してロボットはこのネットワークから原理的に排除されてはなさそうです．

 とはいえ，第1章で登場した規則ベースのロボットはもちろん，さらに進歩したロボットであっても，現実的にこれらの条件のすべては満たせないという予感もあります．それはおそらくプログラミングというところにあるのではないでしょうか．たとえば，ロボットが仮に「責任を引き受ける態度」を身につけたとしても，それは人間が設計したものであれば，適切な証拠に基づいて形成されたとは言えないと考えられるかもしれません．また，ロボットが適度な理由反応性を手にしたとしても，それが人間の手によるのなら，洗脳のような外的介入のように感じられるかもしれません．このような考えの背後にあるのは，ロボットのメカニズムは人間が作るのであって，ロボット自身が作っているのではない（それゆえにロボットはメカニズムを所有できない），というものです．

 このような考えは私たちの直感に訴えかけるところがありますが，果たして私たち人間は自らのメカニズムを自らの手で作っているのでしょうか（そ

してそれがメカニズムを所有する根拠なのでしょうか).次節では,非両立論の議論を参考に,人間であってもこのようなメカニズムの自己形成は不可能だという論点を見ていきます.結果として,フィッシャーとラヴィッツァがメカニズムの所有を「承認」と捉えた理由が判明するでしょう.同時に,人間が責任主体になることを認めるには,その条件のハードルを両立論の程度まで下げなければならないことがわかるでしょう.

3-3 人は自己形成をコントロールできない:非両立論の考え

(1) 自由意志実在論と究極的コントロール

両立論の議論では,メカニズムがどうであるかが主として問題となり,メカニズムがどのように作られるかはそれほど問題とされませんでした.この事情は古典的両立論でも同様で,そこでは欲求がどのように実現されるかは問題となりますが,その欲求がどのように獲得されたのかはあまり問題となりません.これに対して,非両立論はメカニズムを構成するもののうち,習慣や傾向性,能力といったものは自由意志によって作られなければ自分のものだとは言えないと考えます.たとえば,あなたはお酒が好きだとしましょう.しかし,この欲求が依存症から生じているのなら,現在のあなたのお酒への傾向性と習慣は本当の意味で「あなたのもの」とは言えないのではないでしょうか.また,そのように考えると,あなたは自分の飲酒行動をコントロールしているとも言えないでしょう.そもそもアルコール依存症になることを熟慮の上で自由に選ぶ人はいないでしょうから,その点でもあなたのコントロールは失われていると言えるでしょう.「自らの傾向性や習慣,能力については,それを身につけるのが自らの自由な選択によるのでなければ,本当の意味で自分のものとは言えない」という考えは私たちにとって自然な考えのように思われます.

非両立論の中でも自由意志実在論を代表する研究者のR・ケインは，まさにこのような立場をとります[7]．彼は私たちにとって重要な価値観を自由な意志によって選択することを「自己形成行為」と呼びます．そして，自己形成行為によって生み出されたメカニズムが人生のうちでひとつもなければ，その人がどのようなメカニズムを身につけていようとも，そこから生み出された行為に本当の意味で責任が帰属できるとは言えないと考えます．幼いころから原理主義的な宗教観を刷り込まれ，テロリストとしての訓練を受けてきた子どもを考えてみましょう．彼ないし彼女のとる反社会的な思考や行動は，本当の意味で自身のものだと言えるでしょうか．

　ケインにとって自己形成行為は，それ以降のあらゆる行動への責任帰属を基礎づける源泉となる行為です．責任は，自由意志によって形成された「自分のメカニズム」から継承される形で行為に伝達されます．人生で一度もこのような重要な選択をしたことのない人は，本当の意味で自らの行為に責任を負えません．ケインの考えでは，単に個別の行為が現状のメカニズムによってコントロールされているだけでは責任帰属は成立しません．自分にとって重要なメカニズムを自由に選び取るという，いわば自己に対する究極的なコントロールが必要なのです．

　とはいえ，自由意志実在論が非両立論だという点に注意してください．非両立論とは，私たちの自由や責任は決定論と両立しないとする立場です．さらに自由意志実在論は私たちの自由や責任の存在が自明であるために，普遍的因果的決定論が誤りだとする立場です．したがって，ここでの「自由な選択」とは「因果的決定を免れた」ということを意味します．これは，その選択が，たとえば脳神経を含む身体上の物理的条件によって必然づけられていないだけでなく，欲求やその他の傾向性，理由や価値によっても因果的には決定されていないということになります．自由意志実在論では，因果的決定によらない意志決定，もしくは必然性を伴わない因果的決定によって，自由

---

7) Kane, R., *The Significance of Free Will*. Oxford University Press, 1996 ほか．

意志が行使されると考えられています．しかしながら，そのようなことは可能でしょうか．次項では，同じく非両立論に属すハード・デターミニズムの立場から，自由意志実在論に反対する議論を見てみましょう．

(2) ハード・デターミニズムと究極的コントロール不可能論

　ハード・デターミニズムは決定論と私たちの自由や責任が両立しないと考え，かつ決定論を肯定する立場です．したがって，この立場では私たちの自由や責任は本当の意味では存在しないと結論されます．以下では現代の自由意志論争でこの立場を牽引しているS・スミランスキーの議論を取り上げます．彼が著書『自由意志と幻想主義』[8]で主張する「幻想主義」という考えには，前節の考えを補って，ロボットへの責任帰属の可能性を開く論点が備わっています．まずは，幻想主義の前提となっている「究極的コントロール不在」の議論を理解しましょう．

　伝統的な自由意志実在論では，行為者性の成立に自由意志による行為の創発，すなわち先立った原因のないところに，自らの意志を原因として行為を生み出すことが要請されてきました．しかし，このような発想は私たちの日常生活とうまく合いません．朝起きて，まず歯を磨こうか，トイレに行こうか，朝食には何を食べようかといったことを自由意志で選択しなければならないというのは気の重くなるような話です．また，プロレベルの卓球競技で相手のサーブに反応したり，野球でショートの選手がライナーを捕ったりする行動は反射的なもので，そこには自由意志が介在する余地がありません．これらのことを加味すると，現代の自由意志実在論にとっても，行為ひとつひとつに自由な選択を求めるのは要求が高すぎるようです．そうなると，一定の行動を生み出すメカニズムの形成にこそ自由意志の働く余地を見出すというのは，この立場にとってももっともらしい方策でしょう．

---

8) Smilansky, S., *Free Will and Illusion*. Oxford University Press, 2000.

とはいえ，私たちは自分のメカニズム，とりわけ欲求や傾向性，習慣といったものを自由に選び取ることが可能でしょうか．両立論の代表的思想家であるダニエル・C・デネットは，行為者のもつ性格や欲求によって因果的に生み出されるのでなければ行為に行為者性は生じないという「性格論法」を展開しました[9]．今，あなたは電車で老人に席をゆずろうとしているとします．しかし，もしその行為があなたの性格にある善意や親切心と因果的に何ら関係しないのなら，あなたのその行動は単なる気まぐれであって，称賛の対象にはならないのではないでしょうか．あなたが因果的決定を免れた状態で意志決定をするとき，そこにはまったく原因がないか，あったとしてもランダムな決定にしかならないでしょう．これで本当に行為をコントロールしていると言えるのでしょうか．

このことは，メカニズムの選択においても同様のことが言えます．メカニズムの中でも価値観や傾向性，習慣を自由に選択できるとしましょう．この時，選ぼうとしているあなたが今もっている価値観や傾向性とはまったく無関係に新しい価値観や傾向性を選び取ることは可能でしょうか．仮に可能であっても，それはとても奇妙なことで，「その人が選んだこと」とは言いにくいのではないでしょうか．ケインから例を借りましょう．あなたは昇進のかかった大事な取引先との打ち合わせを控えています．あなたは打ち合わせ場所に急いで向かっていますが，このままだと少し待ち合わせに遅れそうです．そんな時，あなたは路地裏で女性が暴行されかけているのを見かけます．大きな声をあげるか，警察に通報することは可能ですが，それをするとあなたは間違いなく時間を取られて打ち合わせには間に合わないでしょう．この時，あなたは「キャリアアップのために女性を無視する野心的な人」か「キャリアをあきらめて女性を助ける正義の人」か，いずれかの価値観を選ぼうとしています．当然ながら，もしここであなたが両方をあきらめて，フリーターになるためにアルバイトの面接に行くとするなら，それこそあなたはど

---

9) Dennett, D. C., *Elbow Room : The Varieties of Free Will Worth Wanting*. MIT Press, 1984.

うかしてしまったのではないかと考えられるはずです．それに，結果として片方の事態（仮に女性を助ける）が生じたとしても，それが事前に持っていた「正義感のある性格」によって決定されていないのだとしたら，あなたはその価値観を本当の意味で選んだとは言えないのではないでしょうか（たとえば，あなたが女性を助けたのがタイミングよく取引先から打ち合わせ中止の電話があったためだとしたらどうでしょう）．

　この議論が正しいなら，メカニズムを所有する，とくにその中で重要な価値観や傾向性を「自分のもの」と捉えるためには，事前に備えている価値観や傾向性の因果的影響のもとでそのメカニズムが形成されることが必要に思われます．では，その「事前の価値観や傾向性」はどのようにして形成されるのでしょう．それをも「自分のもの」と言えるためには，さらに前の価値観・傾向性によって決定される必要がありそうです．ではそれが……となると，結局私たちは，その基点となるメカニズムを無限にさかのぼることになりそうです．そうでなければ，生まれながらに与えられた遺伝情報や能力，生育環境が始まりだということになるでしょう．そしてそれらはもはや「自分のもの」とは言えません．結局，私たちが完全に自由な選択によって自らのメカニズムを選択するような時点は人生のどこにも存在しないということになります．仮にそのような選択があったとしても，それは気まぐれやランダムな選択であって，私たちの行為者性を支える「自分のメカニズム」を作る土台にはならないのだということです．

　私たちのメカニズムは少しずつ変わっていきます．現在持っているメカニズム，とくに価値観や傾向性，身体的・知的能力は環境とのかかわりの中で変化していくのでしょう．両立論の考えでは，そのメカニズムの中に適度な理由反応性と責任を引き受ける態度が備わった時，そのメカニズムの所有者は対人的関係のネットワークに属し，責任の主体になります．そこからメカニズムが少しずつ変化していったとしても，この二つの条件を備えている限り，そのメカニズムは「私たちのもの」であり，私たちは引き続き責任の主体であり続けます．この過程の中に完全に自由な選択というものが存在する

必要は一切ありません．むしろそのようなものの存在やそれを探そうとする知的努力は，奇妙なものに見えるでしょう．

　あらゆる行為の行為者性と責任を究極的に基礎づける自己形成行為といったものを私たちの人生に見つけるのは，少し難しそうです．この意味で，私たちは自分の人生を究極的にコントロールすることはできません．できるのは，今あるメカニズムを前提とした上で，比較的目の前にある行為を局所的にコントロールすることだけなのです．となると，この点では実はある種のロボットと人間は非常に似ているのではないでしょうか．先に，ロボットはプログラミングという過程があるために，適切な形で自分のメカニズムを所有できないのではないか，という疑問を述べました．しかし，この点では人間も原理的な違いはないということです．過程は複雑ですが，私たちも自分自身を自分の手で自由に作ることはできないのであり，そこに自己形成の究極的コントロールを要請するのは高すぎるハードルなのです．

(3) ロボットに責任を帰属するためのひと工夫：幻想主義

　話をハード・デターミニズムの方に戻しましょう．この立場では究極的コントロールの不在を真剣に受け止め，私たちは究極的にはあらゆる責任を負うことができないと結論します．現状の私，すなわち今あるメカニズムを私が持っていることについて，私は究極的にはコントロールをしていません．しかし，その一方で両立論の考える行為単位のコントロールを認め，その責任は私に帰属されます．そうなると，究極的にはコントロールできない自分の価値観や性格から生じているにもかかわらず，私たちはそのような行為に局所的コントロールを認めることになります．このことに違和感を抱く人がいるかもしれません．両立論が保証する行為単位の責任（これを局所的責任と呼びましょう）は，やはり究極的コントロールによって基礎づけられなければならないのではないでしょうか．

　スミランスキーは，この二つのレベルのコントロールのギャップを真剣に

考えました．そしてそのギャップを埋める方法として「幻想主義」というアイデアを提示します．幻想主義の大枠は以下の通りです．まず，私たちは道徳的実践を現に営んでいます（ここでは理解しやすいようにストローソンに従って，対人的関係のネットワーク内で反応的態度をやりとりすることと考えておきましょう）．その上で，私たちがその実践を保っていたいと考えるなら，私たちは究極的な自己形成行為ができているという幻想を抱かざるをえない．この主張が幻想主義です．たとえば，あなたが電車で足を踏まれて怒っているとしましょう．この時，あなたは足を踏んだ人に反応的態度を向けています．周りの人もあなたは怒って当然だと思っていることでしょう．しかし，ここで怒りを向けているあなたは，相手がはたして本当の意味で自身のメカニズムを選び取った人かどうかはわからないはずです．周りの人もおそらくそうでしょう．しかし怒りが適切に受け止められるには，相手は本当の意味でメカニズムを所有していてもらわなければ困るのです．それゆえ，あなたはそのことに気づかないでいるか，気づいたとしても，実際にこの人は自由意志に基づいた自己形成行為ができる人であってほしいと期待します．もし，あなたの足を踏んでしまうような不注意さが，本人の選択の結果でなかったとわかっているなら，あなたはおそらくそこまで怒らないでしょう．足を踏んだのが幼い子どもであれば，その親に怒りを向けるように，あなたの当人への怒りは収まるか，少なくとも質を変えるでしょう．

　このように，スミランスキーの考えでは，私たちが責任のやりとりをしている時，私たちは暗黙のうちに互いが自己形成行為に基づくメカニズムの所有者であることを期待し，前提しているというのです．そして，このような道徳的実践の存在と，その実践的要請という形で幻想の存在を示唆するわけです．この幻想は，対人的関係のネットワーク内にいる人びとについては，その人に自己形成行為のイベントが生じたかどうかをあえて問わないという態度の表れだと，説明することもできるかもしれません．そして，フィッシャーとラヴィッツァの言う「責任を引き受ける態度」やその中の「自らを責任の対象と考える」という信念は，まさにこのような幻想のもとで形成され

るものとも考えることができます．メカニズムの自由な選択というのは，実践的要請であり，私たちが道徳的実践を行うために必要な，「そうであってほしいなぁ」という期待なのです．そして，この期待をネットワークの中では互いに抱きあっているがゆえに，私たちの責任のやりとりが成立しているというのがスミランスキーの結論です．

　以上がスミランスキーの幻想主義のあらましです．第1節でハード・デターミニズムは（本当の意味での）自由や責任の存在を否定すると言いましたが，「私たちには責任がないのだから何をしても許される」と考えるハード・デターミニストは実際いません．スミランスキーは私たちの道徳実践の重要性をしっかり認識した結果として，幻想主義をとることになったと言えるでしょう．この幻想主義にはロボットの責任を考える上で重要な示唆がいくつかあります．ひとつは，私たち人間も自身のメカニズムを自分の力だけで創造することはできないという点です．そして「メカニズムを自力で作れない」という点では，ロボットと人間は共通しています（その作られ方には現状では大きな違いがありますが）．これは「自由や責任は人間固有のものだ」という思い込みを修正し，ロボットの責任について真剣に考える出発点だと言えます．

　もうひとつは，とくにストローソンの考えと組み合わせた時に，ロボットに反応的態度を向けることに私たちが慣れてしまいさえすれば，幻想によってその帰属が「単なるうそ」ではなくなるという点です．もちろん，ある人への幻想が破れて，その人をもはや責任主体とみなせなくなる場合をスミランスキーも認めます．たとえば，極度に不幸な生い立ちのために犯罪をおかさざるをえなかった人の事例を取り上げて，彼はその人には責任を帰属できないと主張しています．現状では，ロボットのプログラミングがこの「幻想を破る事実」にあたるのかもしれません．しかし，現代では「魚は切り身で泳いでいる」と思い込んでいる子どもがいるように，ロボットの作られ方を人々があまり意識しなくなり，その格好と振る舞いに対して深く考えることなしに反応する日がくるのかもしれません．その時，ロボットに対する「反

応」と私たち人間に対する「反応」には原理的な違いはないのです．

3-4 ロボットへの帰責は可能か？

(1) できるかできないかは理論次第：幻想主義の可能性

　第 2 節と第 3 節では，両立論とハード・デターミニズムの代表的な理論をみてきました．私には，それらの組み合わせによって，ロボットへの責任帰属への可能性が見えてくるように思われます．ここまでの議論の流れを追ってみましょう．

　たとえばカントのような伝統的な自由意志実在論者にとっては，自由意志は人間のみがもちうる超自然的な能力でした．そして，これに基づいた自律を必要条件とする限り，ロボットが責任主体になれる可能性はありません．しかしながら，両立論のフィッシャーとラヴィッツァの理論になると，自然的な営みのなかで形成されるメカニズムに条件が移ります．このメカニズムに一定の条件が備わり，そこから外部の介入なく行動が生まれるなら，それは行為であり，責任帰属の対象となります．ここに至ると，責任帰属の条件が人間にとって特別なものを含まないため，ロボットへの責任帰属の可能性が原理的に排除されることはなくなります．ただ，実際問題として責任実践にロボットが入れるかとなるとまだ疑問の余地が残りました．そこでハード・デターミニストであるスミランスキーの幻想主義が登場します．私たちが人間に求めていた自己形成行為が実は幻想であり，実践的な要請にすぎないことを自覚するなら，ロボットについてそれを求めることはおかしいことになります．ここに至って，もし私たちがロボットになんらかの反応的態度を抱いてしまったとしても，それをまやかしだとか単なる擬人化だとして退ける必要がなくなるわけです．

　本章では各立場から見込みのある代表的理論を紹介したにすぎず，自由意

志実在論，ハード・デターミニズム，そして両立論による論争にはいまだ決着がついていません．その点では，ロボットへの責任帰属の可能性は，私たちがどの種類の理論に最も説得力を感じるかにかかっています．ここで私たちが自由意志実在論を採用するなら，当然その可能性は閉ざされます．というのは，この立場は行為者性や責任の根拠を人間のみに可能な自由意志，すなわち因果的決定を免れた自由な選択に求めているためです．対して，両立論に魅力を感じ，責任の基準を引き下げるなら可能性は残りそうです．さらに，スミランスキーの幻想主義までを受け入れるなら，私たちの実践はさらに一歩進むでしょう．ロボットへの責任帰属はそもそも不可能だと信じている人を，ここでの哲学的な議論によって説得することは難しいかもしれません．しかし，ロボットをあたかも人間のように扱い始める人びとが出てきたとしたら，それを今ある責任実践から区別する必要がなくなるというところまでは言うことができそうです．

第5章では，たとえばS・タークルやR・スパローによって，ソーシャル・ロボットとのコミュニケーションは「まやかし」であり「人をだます」ものだとして批判されています．しかし，本章の議論に照らすなら，それが「本物かどうか」は当人がとっている理論次第だということになるでしょう．逆に，彼女らが考える「本物のコミュニケーション」を人間がしっかりできているのか，それは本当に私たちのコミュニケーションの典型であるのかを考え直してみる必要があるかと思います．

(2) 「ロボットに責任を帰属する」とは

さてこれで，自由意志問題にかかわる理論次第ではロボットに責任を帰属する余地があることが示されました．そこで最後に，「ロボットに責任を帰属する」ということが何を意味するのかについて考察したいと思います．まずは，従来の情報倫理学の議論を参照しましょう．情報倫理学にはセラック25事件[10]を契機として始まった，コンピュータへの責任帰属に関する議論

の歴史があります．そこでまず考えられたのは賠償責任の問題で，特定の目的を定められた機械の場合，そこから生じた損害についてはメーカーや流通業者に製造物責任を課すという発想です．その一方で，PC のソフトウェアのように，それが原因でなんらかの損害が生じたとしても，メーカーがその責任を免れる場合があります（試しに何かのアプリケーションの同意書をよく読んでみてください）．みなさんの PC には日々ソフトウェアのアップデートが通知されていると思います．これはそもそもソフトウェアにはバグや不具合があり，メーカーがそれに対して責任を負わないことの表れです．自動運転車の場合には，前者のアプローチが可能かもしれませんが，ソーシャル・ロボットの場合はどうでしょうか．いずれにせよ，これらの法的責任については，「ロボットに責任を帰属する」は「メーカーや流通業者，サービス提供者に賠償を求める」（もしくはメーカーが免責される）ということを意味します．この場合，保険などを通じてロボットへの責任帰属問題を解決するというのは考慮すべき重要な方策です．

これに関連して，情報倫理学者の J・スナッパーは，「ロボットに責任を帰属すること」が単に「人間を非難したり罰したりしないこと」を意味することがありうると示唆しています[11]．これは，ロボットの利用に応じて保険や賠償額が異なるという発想です．たとえば，外科手術の際にロボットを一定程度利用する場合を考えましょう．同じように手術に失敗したとしても，ロボットを利用しなかった場合には，利用した場合にくらべて保険の適用や賠償額に差が出るということです．

---

10) 放射線治療機器中のソフトウェアのバグが原因で生じた放射線被ばく事故．1985 年から 1987 年にかけて，米国とカナダで複数の死傷者が生じました．

11) J・スナッパー著，佐々木拓訳「医療におけるコンピュータに基づいた決定に対する責任」，ケネス・W・グッドマン編著，板井孝壱郎監訳『医療 IT 化と生命倫理——情報ネットワーク社会における医療現場の変容』世界思想社：65–83, 2009 年 (Snapper, J., Responsibility for computer-based decisions in health care. In *Ethics, Computing, and Medicine: Informatics and the Transformation of Health Care*, K. W. Goodman (ed.), Cambridge University Press, 1998, pp. 43–56).

もしかするとこの発想は，道徳的非難や刑事責任の免責にも適用されるかもしれません．現状では難しいものの，ロボット技術の発達と普及，そしてそれらをめぐる議論の深まりがあれば「賠償責任のみで，人間はおとがめなし」ということを受け入れられるように私たちの責任感覚は変化するかもしれません．

　最後に，「ロボットに責任を帰属する」ということは，「ロボットをまさに人間のように扱う」という可能性を示唆します．第1節で「責任」という言葉には道徳的非難だけでなく，道徳的称賛も含まれると述べたことを覚えているでしょうか．ここで示唆したいのは，ロボットのある種の利用法にはロボットの振る舞いを道徳的称賛の対象として扱う態度が必然的に含まれるという点です．

　たとえば，私たちが目の前の人を「人格」と認識するとしましょう．そのような認識の下でその人に接するということは，その認識が含意するさまざまな規範（たとえば，その人の意見や選択は尊重されるべきだとか，その人を操作的に扱ってはならない，など）に従うことをも意味します．逆に，もしその規範に従わないとしたなら，あなたはその人を「人格」と認識しているとは言えないでしょう．また目の前の生き物を単に「犬」と認識するか，「ペット」として認識するかでは，要求される扱い方が大きく異なります．ペットとして認識する以上，あなたはその犬に対して，単に虐待をしないこと以上の責務を負うことになります．たとえば，ちゃんと世話をしたり，散歩に行きたいなどの希望をかなえてあげたり，時にはその行動を褒め，時には叱るといったように．人格の場合と同様に，このような扱いをしないということは，あなたはその犬をペットとして認識しないことになるでしょう．

　そこで私が言いたいのは，第5章で登場するようなソーシャル・ロボットをある種の「家族」や「パートナー」として扱う際，私たちはロボットの行為に対して少なくとも一定の反応的態度を向けなければならないということです．言い方を変えるなら，ロボットを人間同様の幻想の下で見，対人的関係のネットワークに属するものとしてロボットを扱わなければ，そのような

利用法が成り立たないだろう，ということです．それはペットを「家族」として扱う場合と非常によく似ていると言えるでしょう．この時の私たちの態度は「客体への態度」ではなく対人的態度であるべきで，そのような態度は私たちが人間同士でやりとりするものと本質的に異なるわけではないでしょう．そしてロボットの振る舞いを行為として認め道徳的称賛をすること（ロボットの行いを本気で褒めること）は，控えめに言っても，このような利用法において必須なのではないでしょうか．

　この議論は，あくまでも道徳的称賛（もしくは善意と尊敬）の対象としてロボットを扱うということで，責任一般についてのものではないことに注意してください．さらには，対象の範囲はロボット一般ではなく，特定の条件を備えたロボットの特定の利用方法に限られます．また，このような状況でロボットの「被行為者性」をどう扱うかについては，次の第4章に考察をゆだねたいと思います．

　この議論の裏にはS・ウルフが主張する「非対称の自由」という考えがあります[12]．すなわち，称賛の場合と非難の場合とでは，責任の帰属条件が異なるという考えです．とはいえ，ソーシャル・ロボットの利用が狭い個人関係にとどまらず，社会全体に広がった場合にこの非対称性が解消されていく可能性はないでしょうか．私たち同様の人格として対人的関係のネットワークに迎え入れられた時，ロボットは称賛の対象だけでなく，なし崩し的に非難の対象にもなりうるかもしれません．自由意志問題の議論を確認した今，私たちの責任条件に対する感覚は検討を迫られています．ロボット技術の発展と普及，そして私たちが社会の中でどのような役割を与えるかによってそれが変化し，最終的にある種のロボットを道徳的行為者と認めるようになっても，それほど驚くことではないのかもしれません．

---

12) Wolf, S., Asymmetrical freedom. *Journal of Philosophy*, 77 : 151-166 (1980).

3-5 おわりに

　本章では，現代の自由意志論を基盤とした責任論の観点から見ると，ロボットへの責任帰属が原理的に排除されない可能性があることを確認しました．まず第1節で「責任」の意味を道徳的な過去指向的責任（道徳的称賛と非難）に限定し，両立論，自由意志実在論，ハード・デターミニズムという自由意志論争における三つの立場を紹介しました．次いで第2節では両立論の見解として，ストローソンの反応的態度説とフィッシャーとラヴィッツァによる理由反応性説を確認し，その理論によればロボットが責任主体であることから原理的に排除されないことを示しました．そして，第3節で自由意志実在論が主張するような自己の形成は人間でも不可能なことを指摘した上で，ロボットへの責任帰属の可能性をより高める理論としてスミランスキーの幻想主義を説明しました．これらの理論を受けて，最後に第4節でロボットへの責任帰属という事態を改めて考察しました．

さらなる理解のために
　自由意志問題がどのような問題なのかをもう少し詳しく知りたい人には，鈴木生郎「自由と決定論」（鈴木生郎／秋葉剛史／谷川卓／倉田剛編『ワードマップ現代形而上学――分析哲学が問う，人・因果・存在の謎』新曜社：54-80, 2014年）をお勧めします．自由意志論争におけるいくつかの基本的議論も確認できます．また，門脇俊介／野矢茂樹監訳『自由と行為の哲学』（春秋社，2010年）には現代自由意志問題を考える上で必須となる論文の翻訳が収められています．ストローソンの発想に興味を抱いた人は，成田和信『責任と自由』（勁草書房，2004年）を読んでみてください．ストローソン説のより詳しい解説と，責任論としての反応的態度説の詳細を知ることができます．

第4章
この映画の撮影で虐待されたロボットはいません
―― 道徳的被行為者性について考える

　「ロボットにけがをさせる」という表現は，「ロボットを破壊する」と比べて日本語として不自然に感じられるのではないでしょうか．これとは反対に人間に対して「破壊した」という表現が用いられた場合，ちょっと普通ではない感じがあります．このような表現にはバイオレンス性すら感じられ，その行いの非道徳性が強調されるかもしれません．つまり，少なくとも現状では人間にダメージを与えることと，ロボットにダメージを与えることとの間には何らかの倫理的な違いがあると，私たちは感じているように思われます．ではこの違いは，人間とロボットの間にある，どのような違いに基づいて生じるのでしょうか．

　前章では，ロボットが行ったことの責任，そしてその背景にある行為者性がテーマとして扱われました．しかしながら，ロボットと人間が共存する社会が将来実現すると考えてみた場合，ロボットが行ったことの責任を考えるだけでは不十分で，ロボットに対して行われたことの責任についても検討しておく必要があるのではないでしょうか．さらにはロボットの権利，つまり人権（human rights）に相当するようなロボット権（robot rights）といったものも，少なくとも議論にはなるでしょう．実際，第8章で見るように，一部ではそうした議論がすでに行われています．

　もちろん，今すぐにロボットに対する責任やロボット権が私たちの社会で受け入れられるというのは，考えにくいことです．そもそも人間の間であっ

ても，すべての人間が平等であるという考え方は歴史の過程で獲得されてきたものでした．奴隷解放運動や人種解放運動や女性解放運動などを経て，ようやく広く受け入れられるようになってきたのであって，最初からそうだったのではありません．とはいえ，以上のような歴史的経緯を踏まえると，現在は平等な道徳的配慮や権利が与えられていない人間以外の存在が将来的に「解放」される可能性も，完全には否定できないかもしれません．

そもそも現在でも権利を持つのは人間だけではありません．企業などの法人も権利を有しています．これに関して，クリストファー・ストーンは1972年の有名な論文で次のように述べています[1]．

> 権利を有すると認められるようになってきたものが，人の形をしているとばかりは限らない．法律家の世界では，少し例をあげれば，信託，法人，合弁企業，地方自治体，サブキャピター・R信託，国家や州など，無生物の権利保有者も人として扱われている．
> ……
> われわれは，法人が『それ自身の』権利を有し，多くの制定法上のあるいは憲法上の目的のために，それが『人』や『市民』とされることに慣れ切っているので，これが昔の法律家にはどれほど驚くべきことであったかを忘れてしまっている．

かつては権利を認められる存在とはとても考えられなかった存在が，いまでは権利が認められているという事態は珍しいことではないというのです[2]．

---

1) クリストファー・ストーン著，岡崎修／山田敏雄訳「樹木の当事者適格——自然物の法的権利について」，『現代思想』18(12)：217-228（1999年）．原論文は以下のものです．Stone, C. D., Should trees have standing？— Toward legal rights for natural objects. *Southern California Law*, 45：450-501（1972）．
2) なお，上の引用で述べられていることから考えると，ロボットが権利や道徳的配慮の対象となるかどうかを検討する際に，人型のロボットだけを念頭に置くべきではないということになります．この点については本章を読む際にも忘れないようにしてください．

実際20世紀後半の応用倫理学では，私たちが道徳的な配慮や責任を負うべき対象の範囲はそれまで考えられていたよりも広くあるべきではないかという議論が，さまざまなかたちで展開されました．たとえば生命倫理学では，まだ生まれてもいない胎児を中絶することの倫理問題が，非常に重要なトピックのひとつとして扱われてきています．また環境倫理学でも，使用済み核燃料の問題などとの関連で，まだ生まれていない将来世代に対して現在世代が負うべき責任を検討する世代間倫理の問題が論じられてきました．これら二つは人間の範囲内で道徳的配慮の対象を拡大しようという議論の例ですが，環境倫理学や動物倫理学では人間の外側にまでその範囲を拡大する可能性も検討されています．とくに環境倫理学では，生態系や景観といった生命を持たない対象への道徳的配慮の必要性が論じられてきました．だとすると，ロボットについても同じような議論を検討すること自体は，それほど奇妙なことではないのではないでしょうか．

4-1　道徳的被行為者とは

　この章では前章で論じられた道徳的行為者と対になる概念，すなわち道徳的被行為者について説明します．説明のためにまず道徳的行為ではなく，一般的な行為について「する側」と「される側」ということを考えてみましょう．たとえば挨拶をするという行為の場合，挨拶をする側とされる側の人がいます．もちろんすべての行為に「される側の人」がいるとは限りません．お米を食べるという行為にはお米という対象物はあっても，その行為をされる人は通常いません．（家族がよそってくれたのでお腹は減ってないけど感謝を表すために食べるという場合などは例外にあたります．）

　次に道徳的行為という，より狭い範囲の行為について考えます．電車でお年寄りに席をゆずるという例を考えてみると，席をゆずる側（道徳的行為を行う人）とゆずられる側（道徳的行為を行われる人）がいます．なおここでの

「道徳的」という言葉は,「道徳的に正しい」という意味ではなく,「道徳の観点からの評価を受ける」という意味で理解してください.言い換えると,「道徳的」行為には良い行為だけでなく,悪い行為も含まれるのです.

ここで前章での道徳的行為者性の議論を思い出してもらいたいのですが,それは責任を帰属できる道徳的行為者であるために,あるいは他者からそうみなされるために備えているべき条件をめぐる議論でした.同様に道徳的被行為者の議論は,道徳的行為の受け手とみなされるためにはどのような条件を満たす必要があるのかについての議論です.

説明がしやすいので道徳的に悪い行為の例で考えてみましょう.ある人が別の人をとくに理由もなく殴ったとします.殴られた人は(悪い)道徳的行為の受け手,言い換えると被害者です.次に,ある人が他人の車をとくに理由もなく殴ったとしましょう.しかしこの場合,車が被害者であるとは普通は言いません.車はこの行為の対象物ではありますが,被害者がいるとすれば車そのものではなく,車を傷つけられた所有者でしょう.このように,車などの機械あるいは物は道徳的被行為者とはみなされてきませんでした[3].伝統的には人間だけが道徳的被行為者と考えられてきたのです.これは道徳的に良い行為の場合でも同じです.私はわが家のテーブルを丁寧に扱うことはできても,テーブルに親切にすることはできません.テーブルというのは,少なくとも私にとって,それに対して親切にすることができるような類の存在ではないのです.

ここでひとつ注意をうながしておきたいことがあります.前の段落の説明を読んで「そうでもないんじゃないか」と感じた人がいるかもしれません.この本を読んでいる人は日本文化の影響を受けていると思いますが,ロボットに関連する議論などでは「日本文化の根底にはアニミズムの要素があるの

---

[3] 過去には「動物機械論」という主張もありました.その立場では,動物は人間と同じように食べたり,動き回ったりし,感覚もあるように見えるかもしれないが,中身は機械と同じようなものであって人間と同じ扱いにはならないとされました.

で，日本人は物を単なる対象物とはみなさない傾向がある」というような主張がなされることがあります．あるいはドラえもんのように，友達や仲間としてのロボットが重要なキャラクターとして登場する漫画やアニメの影響が指摘されることもあります．キャラクターとみなされる時点で単なる物とは違うというわけです．

　個人的には，日本文化が特殊だという前提に安易に基づく議論にはあまり意味がないと考えます．よく指摘されることですが，四季があるのは日本だけではありませんし，四季の移り変わりを反映した文化はいたるところにあります．ここでの文脈に関連する例を挙げると，ボストン・ダイナミックスという会社が歩行性能のテストの一環としてロボットに蹴りを入れる動画を公開しましたが，その動画に対してかわいそうという反応をしたのは日本人に限られないのです．また，アイロボット社のロボット掃除機 Roomba に名前をつけたり，「一生懸命働いている」といった反応を示したりしたオーナーも，さまざまな国にいます．

　とはいえ，物を擬人化したような態度や表現が日本社会ではそれなりには受け入れられている，ぐらいのことは言っても間違いではないでしょう．たとえばソニーが 1999 年から発売していた犬型ロボット AIBO のオーナーの中には，修理が不可能になった AIBO の「葬式」を行った人たちがいるという話はよく知られています．そういう社会や文化においては，「ロボットを道徳的被行為者とみなすことができるか」という問いがわりとすんなり肯定的な答えとともに受け入れられてしまうために，かえって倫理学的な問いとしては成立しにくいところがあるかもしれません．

　このことを理解してもらうには，私は自分の息子について「道徳的被行為者であるか」という問いを問いとして考えることができない，という事実をここで示すのが役に立つかもしれません．私には，そのような問いを考えることがあるかもしれないと考えることすら，息子に対する道徳的な不正に感じられるのです．このように，問題の性質による程度の差はあれ，考えてみるまでもない問題をあらためて考えるというのは難しいことなのです．道徳

的被行為者とみなされない対象についても，同じことが生じます．奴隷制度が当たり前に存在している社会を想像してみてください．その社会に生きている平均的な人物にとって，奴隷も道徳的被行為者のはずだと考えることは困難ではないでしょうか．このことは本章の重要なポイントのひとつです．

　もう一点注意事項があります．それは，（道徳的）被行為者という訳語は決してよいものではないですが，（道徳的）行為者と対になっていることを表すのにこれよりもわかりやすい言葉が見あたらないので，ここではしかたなく使っているということです．被行為者という言葉は，行為者こそが主体であって，あくまで客体，受身の存在でしかないという意味合いをどうしても負ってしまいます．これがなぜ問題になるのかは，介護の場面などを例にすれば理解してもらえると思います．介護を受ける人をケアの受け手として，つまり被行為者としてのみとらえることは，その人を受身の存在に押し込めてしまうことにつながりかねないという懸念があるのです．自分もそうした立場になりうると想像してもらえば，これが望ましくない事態である可能性を理解してもらえるでしょう．たとえ医学的にどのような状態に陥ったとしても，自分を（単なる受け身の存在ではなく）前章でも論じられていたような自律性を備えた存在とみなし，他人からもそのように扱われることは，人間の尊厳に深くかかわっています．介護をする人と介護を受ける人との関係は，このような尊厳への配慮に基づいたものであるべきではないでしょうか．ではどういう言葉だったらそれを十分に表現できるか，今のところよくわからないのですが，行為を受ける側の尊厳をもきちんと言い表すことができる用語を見つけ出すことも，本章で扱っているような問題を論じようとする倫理学者にとって重要な課題となるでしょう．

　これに関連した話題として，近い将来に登場してくる介護ロボットが活躍する場面も想像してみてください．人手不足を解消するために，少なくともある時間帯はロボットだけでケアを担当するということが，将来的には起こりうるでしょう．そうなったときに，自分の肉親が機械からケアを受けていることに精神的な抵抗を感じる人も出てくるかもしれません[4]．こうした問

題は本書の第 5 章で論じられます.

4-2 道徳的被行為者としての人間

すでに述べた通り，伝統的には人間こそが道徳的被行為者と考えられてきました．これは人間の尊厳という，現在でも重要な考え方と関連しています[5]．そして人間の尊厳は，哲学的にはカントの議論と結びつけて考えられることが多いのです．カントは「汝の人格のなかにも他のすべての人格のなかにもある人間性を，汝がいつも同時に目的として用い，けっしてたんに手段としてのみ用いないというふうに行為せよ」という道徳法則を提示しています[6]．これは，人間は奴隷のように他人の道具や手段としてのみ扱われてはならず，尊厳や人権を有する存在として尊重して扱われなければいけない，ということです．ここで注意してもらいたいのですが，カントは人間を手段として用いることを禁止しているわけではありません．この点について品川哲彦は次のようにわかりやすく説明しています[7]．

---

4) 岡田美智男／松本光太郎編著『ロボットの悲しみ——コミュニケーションをめぐる人とロボットの生態学』（新曜社，2014 年）の「プロローグ」で語られている，次の逸話についても考えてみてください．おばあさんが公園でポツンと一人で立ちながら，小さなぬいぐるみ型ロボットを抱っこして，そのロボットに語りかけながら花見をしている．著者のうちの誰かがその光景を目にしたときに，漠然とした後ろめたさや，いたたまれなさの入り混じった複雑な感情が生じたというのです．
5) 人間の尊厳概念については，浅井篤／高橋隆雄／谷田憲俊監訳『ユネスコ生命倫理学必修 第一部：授業の要目，倫理教育履修課程』（医薬ビジランスセンター，2010 年）の単元 3 を参照してください．また，この節全体で扱っているカントについての話をより深く理解したい人には，品川哲彦『倫理学の話』（ナカニシヤ出版，2015 年）の第 7 章と第 8 章をお勧めします．
6) この訳文は，野田又夫訳「人倫の形而上学の基礎づけ」『プロレゴーメナ 人倫の形而上学の基礎づけ』（中央公論社，1979 年）の 298 ページに依拠しています．
7) 品川，前掲書．

……手段にすることは許されます．通りで手を上げてタクシーを止めたなら，私はタクシーの運転手を手段にしています．けれども，単なる手段にはしていません．そのひとがその仕事に就いたのも，車を私の前に止めたのもそのひとの自由な意志だからです．これにたいして，暴力をふるったり，脅したり，あるいは，こちらが実際にしようとしていることを相手が知ったら協力を断るような情報を伏せてだましたりして相手を思いどおりに利用したなら，相手をたんなる手段にしたことになります．違いは，相手の意志を尊重しているかどうかにあります．たんなる手段にしてはならない存在を人格，たんなる手段にしてもよい存在を物件と呼びます．…… (pp. 88-89)

カントが禁じているのは人間をたんに手段としてのみ用いることであって，そうならないように，同時に目的としても扱わなければならないと言っているわけです．そして目的として扱うというのはどういうことかというと，相手を尊重しているということ，さらに言えば相手の意志を尊重することだというのです．

ここで前章でカントに言及されている箇所を思い出してください．相手を自由な意志を備えた存在とみなすことは，その相手を行為者とみなすことと深くつながっていました．そしてここでの引用部で言われている通り，カント的な考え方では，自由な意志を備えた相手として扱うということが，その人が道徳的に尊重されること，その人の人間の尊厳を尊重することの基盤となっています．言い換えるなら，道徳的行為者とみなされることが，道徳的被行為者とみなされるための前提となっていると言ってもいいかもしれません．その場合，たとえば人間以外の動物は道徳的行為者でない以上，道徳的被行為者でもないとみなされることになるでしょう．

ところで，このような考え方はカントだけのものではありません．道徳的行為者であることと道徳的被行為者であることは表裏一体であり，道徳的行為者は同時に道徳的被行為者でもあるという見解は，いわば「標準的な立

場」とみなされてきたのです[8]．しかし本章の冒頭でも説明したように，このような見解は少なくとも応用倫理学のいくつかの分野においては必ずしも標準的とはみなされなくなってきています．この点について次節でもう少し詳しく説明しましょう．

4-3　道徳的被行為者の範囲は？

(1)　動物倫理学と環境倫理学

　1970年頃，動物倫理学と環境倫理学において現在まで直接的につながる議論が登場してきました．これらはいずれも人間以外の道徳的被行為者に焦点を当てた応用倫理学の分野です．たとえば動物倫理学者は，人間以外の動物のうちの少なくとも一部が道徳的被行為者であると主張し，その主張を（哲学的に）正当化しようとしてきました．そうした議論を行った人物には，第2章でも登場したピーター・シンガーや，トム・レーガンなどがいます．

　もちろんこの時期以前にも動物愛護的な議論は存在していました[9]．たとえば，動物に対する冷酷なふるまいは，やがて人間に対する同様の態度につながるので慎むべきだ，といった議論がありました．第2章の徳倫理学を扱った節で，ロボットに対する暴力的な態度が人間に対する同様の態度につながるのではという話がされていたことを思い出すかもしれません．これらは基本的には同じ話で，直接的に問題にされているのは人間に対する害の可能性であって，動物やロボット自体に対する危害ではありません[10]．これらの

---

8) 次の文献の94～95ページを参照してください．Gunkel, D. J., *The Machine Question: Critical Perspectives on AI, Robots, and Ethics*. The MIT Press, 2012.

9) このような歴史的経緯については，次の本の14～19ページで簡潔にまとめられているので，参考になるでしょう．伊勢田哲治『動物からの倫理学入門』（名古屋大学出版会，2008年）．

議論ではあくまで人間が道徳的被行為者とみなされているのです.

それに対して，シンガーは『動物の解放』という著作[11]において，人間以外の動物の少なくとも一部は道徳的被行為者であり，それらの動物にとっての利害は平等に配慮されなければならないと主張しました．第2章で述べた通り，シンガーは功利主義者です．功利主義の特徴は「最大多数の最大幸福」というキャッチフレーズで表される快楽計算にありますが，シンガーは一部の動物の快楽と苦痛がこの計算のうちに含まれなければいけない，言い換えれば，道徳的配慮の対象となる「最大多数」には一部の動物も含まれているというのです．

では，その「一部の動物」とはどのような条件を備えた動物たちなのでしょうか．シンガーにとって道徳的に重要なのは快楽と苦痛ですから，道徳的に配慮される道徳的被行為者であるための条件は快楽や苦痛を感じる能力，とりわけ苦痛を感じる能力です．というのも，彼は劣悪な飼育環境での畜産や苦痛に満ちた動物実験などから動物を解放することを目的としていたからです．

　苦しんだり楽しんだりする能力は，いやしくも利害をもつための前提なのであり，私たちがその利害を語ることが意味を成すために満たされなければならない条件なのである．子どもに路上で蹴られるのは石ころの利益に反するなどというのはナンセンスであろう．石は苦しむことができないので利害をもたないのである．私たちが，何をしようが石の利益が損なわれることなどないのである．これに対して，マウスが路上で蹴られることは

---

10) また，このような議論では，暴力的な態度を身につけることによって自分自身の人間性を損なってしまうことになる当人も道徳的に配慮されている場合があります．その当人にとって道徳的に問題だ，というわけです．

11) 本章での訳文は，戸田清訳『動物の解放　改訂版』（人文書院，2011年）に依拠しています．なお，この訳書は原著の2009年に出版された版に基づいています．原著初版は以下の通りです．Singer, P., *Animal Liberation : A New Ethics for Our Treatment of Animals*. Oxford University Press, 1975.

その利益に反する．なぜなら蹴られたら，マウスは苦しむからである．
（p. 29）

このような立場をとった場合，苦しむ能力を備えていない現在のロボットは，石と同様に道徳的被行為者ではないということになるでしょう．なお，こうした考えはシンガーがオリジナルというわけではありません．彼は自分と同じ功利主義者であったベンサムについて，次のように言及しています（p. 28）．

多くの哲学者や著述家たちが，基本的な道徳原則として，なんらかの形で，利益に反する同等の配慮という原則を提唱してきた．しかしこの原則が私たちの種に対してと同様に他の種の成員にも適用されるということを認識した人は多くはなかった．ジェレミー・ベンサムは，このことを認識した少数者の一人である．黒人奴隷たちがフランスでは解放されたが，イギリス領ではまだ私たちが今日動物を扱うようなやり方で扱われていた時代に書かれた進歩的な文章の中で，ベンサムは次のように述べている〔P. シンガー編『動物の権利』戸田清訳，二三〜二四頁参照〕．

人間以外の動物たちが，暴政の手によっておしとどめることのできない諸権利を獲得する時がいつか来るかもしれない．皮膚の色が黒いからといって，ある人間にはなんの代償も与えないで，気まぐれに苦しみを与えてよいということにはならない．フランス人たちはすでにこのことに気づいていた．同様に，いつの日か，足の本数や皮膚の毛深さがどうであるから，あるいは仙骨［尾の有無］がどうであるからというので，ある感覚を持った生き物を酷い目に合わせてよいということにはならないということが，認識される時が来るかもしれない．一体どこで超えられない一線をひくことができるのだろうか？　分別を持っていることだろうか，それともおそらく演説する能力だろうか？　しかし，成長した馬や犬は，生後一日や一週間，さらには生後一ヶ月の人間の乳児に比べて

も，明らかに高い理性をもち，大人の人間との意思の疎通もスムーズにできる．だが馬や犬がそうした意思疎通の能力を持っていないとしたら，人間の役に立つだろうか？ 問題となるのは，理性を働かせることができるかどうか，とか，話すことができるかどうか，ではなくて，苦しむことができるかどうかということである．

　理性の能力を持つとか，言語能力を持つというのは，人間を他の動物から区別するとされてきた条件です．シンガーは，生物学的に人間に属している個体のみを道徳的な配慮の対象として扱い，それ以外の動物の個体は道徳的配慮の対象に含めないのは，人種差別と同じような意味において偏見に基づいた，非難されるべき態度だというのです．実際シンガーは動物の解放を，人種解放運動や女性解放運動などと類比的に捉えられるべきものとして論じています．その上で，人種差別（racism）という言葉との類比で，先に述べたような態度を種差別（speciesism）と呼んでいます[12]．

　ここで気をつけておいてもらいたい重要な点は，道徳的被行為者の範囲を定める条件として，人間という生物種に属するかどうかという基準は恣意的なものにすぎず，道徳的に正当化できるものではないとシンガーは考えているという点です．恣意的ではない基準のことを「道徳的に重要な差異」と呼ぶことにしましょう．シンガーやベンサムは，苦痛を感じる能力こそが道徳的に重要な差異だと考えました．そしてそこから導かれる論理的帰結として，少なくとも一部の動物，たとえば犬やチンパンジーなどは道徳的被行為者に含まれなければならないと論じたのです．

　同じような時期に環境倫理学も学問として登場しました．そこでは，自然物や生態系といった人間以外の存在が道徳的被行為者であると哲学的に示すことができるかが，議論の焦点のひとつでした[13]．人間だけが道徳的被行為

---

12) この用語自体はリチャード・ライダーという心理学者によって1973年に作られました．

13) 実際には，すべての環境倫理学者がこのように考えていたわけではありません．本

者ではないと主張する点で，動物倫理学と環境倫理学は共通点を持っていますが，道徳的配慮の対象の範囲についての考えが異なっています．たとえば環境倫理学者は動物だけでなく植物も道徳的配慮の対象に含めたいと考えるでしょうが，シンガーはそうした主張を無意味と考えるかもしれません．また，シンガーの立場では道徳的配慮の対象として快楽計算に含められるのは動物の個体，つまり一匹一匹の犬などです．それに対して環境倫理学者は，絶滅危惧種の保護という目的から生物種のほうがより道徳的に重要な対象と考えるかもしれません．

最初期の環境倫理学が最も関心を持っていた道徳的配慮の対象は，生態系だったと言ってよいでしょう．このような立場を生態系中心主義と言います．この関心のために，環境倫理学者たちはアルド・レオポルドが『野生のうたが聞こえる』の中で述べた「土地倫理」（land ethic）を自分たちの議論にとってのプロトタイプとして重要視してきました．レオポルドの言う土地とは，ある空間や地域に存在する動物や植物だけでなく，土や岩や水などの無機物なども含めてすべてのものによって構成される「共同体」としての生態系全体のことです．レオポルドはこの意味での土地こそが最も重要な道徳的被行為者であるとする立場を表明しています．その上で彼は，次のような生態系（生物共同体）に焦点を置いた道徳評価の基準を推奨しています．

> 物事は，生物共同体の全体性，安定性，美観を保つものであれば妥当だし，そうでない場合は間違っている．（p. 349）[14]

文中で述べた車を破壊する例と同じように，自然を破壊したり，汚染したりすることが道徳的不正であるのは，自然そのものが道徳的被行為者であるからではなく，他の人間に被害をもたらすからだという立場をとる環境倫理学者もいます．こうした立場のことを環境倫理学では人間中心主義と呼びます．それに対して本章で検討しているような，人間だけが道徳的被行為者なのではない，とする立場を非人間中心主義と言います．本文で言及されている生態系中心主義も非人間中心主義の一形態です．

14) Leopold, A., *A Sand County Almanac*. Oxford University Press, 1949. ここでの訳文は新島

このような考え方は現在の保全生物学などで基本的な考え方として受け入れられており，レオポルドは保全生物学の先駆者の一人とみなされています．

(2) 範囲を定めることはできるか？

さて，以上で説明してきたように，道徳的被行為者の範囲を定める条件として，「人間である」とか，「苦痛を感じる能力を備えている」などが考えられてきました．上で説明した以外にも，「生きている」ということこそが道徳的に重要な差異であり，道徳的被行為者の範囲を定める条件だと主張されることもあります．そうなると当然のこととして，ではどれが正しい，恣意的でない条件なのかという問いが生じてくるでしょう．この問いにどのように答えることができるでしょうか．

この問いに対するひとつの究極的な回答は，W・M・ハントが「単なるモノは道徳的に考慮されるか」という論文で与えたものです[15]．ハントは次のように論じています．シンガーはそれまでの「生物学的に人間である」ことを基準とする立場は道徳的に重要でない差異に基づく恣意的な主張であるとし，これを種差別として批判しました．しかしながらグッドパスターという別の研究者は，シンガーが主張する「苦痛を感じる能力」だって恣意的に選ばれた条件にすぎないという点では変わりがない，本当に恣意的でない基準は「生きている」なのだ，と主張しています．そしてここが面白いところですが，ハントはこのグッドパスターの主張にツッコミを入れて，だったらお前の言ってることも同じぐらい恣意的な主張にすぎないのであって，たとえば「存在する」という条件を基準にしても（たとえば，私の家のテーブルを道徳的被行為者とみなしても）構わないのだ，と指摘しました．つまり，これま

義昭訳『野生のうたが聞こえる』（講談社学術文庫，1997年）に依拠しています．
15) Hunt, W. M., Are mere things morally considerable? *Environmental Ethics*, 2(1): 59-65 (1980).

で提案されてきたさまざまな基準はそれぞれの支持者が恣意的に選んだ条件を主張しているにすぎないという点で大差ない，というのです．

　ハント自身の主張は次のようなものです．このように主張するからといって道徳的に配慮されるべき範囲の境界線が存在しないと言いたいわけではない．ただ，特定の条件をそのような境界線を引くための基準とするには，哲学的な正当化が必要なのだと．

　ここで浮上してくる問題は，たとえば苦痛を感じる一部の動物のみが道徳的被行為者であると考えるシンガーのような立場と，植物もそこに含まれると考える立場の間での意見の対立はイデオロギーの対立のようなものであって，哲学的な正当化，すなわち議論や論証によって解消されるものではないのかもしれないという懸念です．もちろん議論によって説得され，この問題についての自分の立場を変える人はいるでしょう．でもすべての人が納得するような唯一の基準を議論によって示せるかどうかは，それとは別の話です．少なくとも議論の現状を見る限り，それに成功したと言える倫理学者はいません．

4-4　ロボットを道徳的被行為者とみなす必要性はあるか？

　そこで少し問題の見方を変えてみましょう．つまり，理論的に考えれば道徳的被行為者の範囲を定める条件はこうであるから，これこれは道徳的被行為者に含まれるというのが話の順序なのではなく，ある特定の対象を道徳的被行為者に含めざるをえなくするような倫理的問題が登場した状況において，その状況の改善につながると考えられる条件が基準として主張されるのだと．

　実際，人間による地球環境の破壊が深刻な問題になった時期に環境倫理学が登場し，生態系は道徳的被行為者なのだと主張するようになりました．またシンガーの議論も，多くの動物が苦痛に満ちた扱いをされているという状況を改善するという実践的な問題関心に基づいて論じられています．道徳的

被行為者性についての哲学的議論は，理論的な関心よりも実践的な関心に基づいているのだと言ってもいいかもしれません．

そうなると考えなければならなくなるのは，ではロボットを道徳的被行為者とみなさざるをえない状況が存在しているかという点です．この問いに対する回答は，現時点では明らかにノーでしょう．もちろん，本章を通して論じてきたように，このことは将来においてもロボットが道徳的被行為者とみなされる可能性がないということを意味してはいません．

では，どのような条件がそろったら，ロボットが道徳的被行為者とみなされるべきだという主張が真剣に検討されるようになると考えられるでしょうか．ロボットが動物や生態系と異なる点として，私たちがそれらを取り扱うというだけでなく，そもそも私たちが作り出すものだという点があります．道徳的被行為者として扱わざるをえないようなロボットが作られる日が，いつかやってくるかもしれません．

ここで，「道徳的被行為者とみなされるためには，まず道徳的行為者とみなされなければならない」という想定が，現在では必ずしも成り立っていないということを思い出してください．前章で論じられたような道徳的行為者性の条件を満たすロボットが作られたとすれば，おそらくそのロボットは道徳的被行為者でもあるとみなされるでしょう．しかしながら道徳的被行為者として扱われるべきロボットは，必ずしもそうしたものだけではないかもしれません．机の上に転がっているおもちゃのロボットをきまぐれに，実は道徳的被行為者かもしれないという目で見るとき，私たちはそれまでとは異なった目で世界を見ることになるでしょう．

これは少なくとも私にとってはワクワクする経験ですが，そうした経験はいつも長く持続するものではありませんし，今のところは多くの人に共有されるものでもありません．とはいえ今後もずっとそうであるとも限らないのです．

4-5 おわりに

　本章では道徳的被行為者性の概念について説明してきました．私たちが道徳的に配慮した上で扱わなければならない対象の範囲は人間に限られないという主張は，環境倫理学や動物倫理学といったすでに学問として確立されている応用倫理学の分野を駆動してきた，重要な問題関心でした．この概念を媒介にして，ロボット倫理学はこれまでの応用倫理学研究の流れの上に位置づけることができるのです．

　最後に，言及しておく価値のあるいくつかの問題について述べておきましょう．これらの問題についても考えてみてください．

(1) 道徳的被行為者の範囲は「拡大」されるとは限らない

　ここまで，道徳的被行為者の範囲を人間から拡大するさまざまな試みが応用倫理学の各分野で行われてきたというような説明をしてきましたが，実際にはこのような理解は正確ではありません．なぜならシンガーの基準では，特定の医学的状態にあり，苦痛を感じる能力を喪失した状態の人間は，道徳的被行為者には含まれないことになるからです．つまりシンガーは道徳的被行為者の範囲を拡大したのではなく，再定義したという方が正確でしょう．

(2) 条件を共有しないものたちに対する倫理

　このとき，どのような医学的状態にあろうともすべての人間は尊厳を持った存在と認められるべきであり，したがって道徳的被行為者として扱われるべきである，という反論が出るでしょう．実際シンガーは障害者団体などから，「生存権を侵害している」等として繰り返し激しく非難されてきました．
　ここで読者に注意してもらいたいのは，道徳的被行為者に含まれるものの

条件を定めるということは，道徳的被行為者からはじき出されるものたちをも決定する働きをするという点です．そして当然のことながら，道徳的被行為者の条件を定めようとする者は，自分自身が含まれるように条件を設定し，それを「恣意的でない」と主張します（たとえばシンガー自身も蹴られたら苦しむでしょう）．そのため，自分とは異なる相手に対する「偏見」や「差別」を無意識のうちに犯している可能性に，私たちは常に慎重でなければなりません．この点についてシンガー自身が読者に呼びかけている注意はとても重要です．

> 私たちは，「最後の残された差別の形態」という表現に対しては，常に慎重であらねばならない．私たちが解放運動から学んだことがあるとすれば，それは，偏見がいやおうなく明るみに出されるまでは，特定のグループに対する私たちの態度にひそむ偏見に気づくのはいかにむずかしいか，ということであろう．（シンガー前掲書，p.14）

ここまでで取り上げた道徳的被行為者の条件はすべて，その条件を共有するものたちを道徳的被行為者とし，それを共有しないものたちを道徳的被行為者から排斥してしまいます．また，本章では人間についてはすべての人に人権や尊厳が認められているとして議論を行ってきましたが，これは理想論であって，現実の世界では自分たちとは異なった民族や人種に対する人権や尊厳の侵害が行われているのは周知のとおりです．したがって現実世界の倫理を考える上では，共通点に基づかない道徳的配慮の可能性を追求することもまた，重要な課題であるでしょう．

(3) ロボットや人工知能が人間を道徳的被行為者から排除する可能性

近年ロボットや人工知能関連の議論において，シンギュラリティ（技術的特異点）が一種の流行り言葉となっています．シンギュラリティをどのように定義するかは論者によってかなり異なっていますが，よくあるタイプの一

つは人間の能力をはるかに超越した「超知能」が誕生する比較的近い未来というものです．

そのような未来を人類にとって明るいものと考えるか，暗いものと考えるかも論者によってさまざまですが，ディストピア的な予測では，超知能はもはや人類を必要とせず，自分たちとは異なり「劣った」存在である人類を滅ぼそうとしかねないという恐れが述べられることがあります[16]．

また，人類にとってのディストピアが到来するかどうかはわからないけれど，万が一のための安全策として人間を常に道徳的被行為者とみなすような制約を人工知能には実装しておくべきだとか，そのような設計を行うことは人工知能開発者の倫理的責任であるというような主張もなされています．ロボットや人工知能がより進歩し，社会に浸透してくる未来の社会をどのようなものとして作っていくかは，将来世代の人類に対して現世代が責任を負うべき世代間倫理の問題でもあると言ってよいでしょう．

このような話題が倫理学に対してなしうる最も重要な貢献は，自分が道徳的被行為者に含まれなくなる仮想的な状況を私たちに示してくれるところにあるのかもしれません．この思考実験を通して，私たちは道徳的被行為者性について従来とは違う角度から理解を深めることができるのではないでしょうか．

さらなる理解のために
　本章で言及したシンガーの本，とくに注 11) に挙げた著作の「すべての動物は平等である」の章や，ストーンの論文は，この種の議論の古典であると同時に現在でも読む価値のある重要な文献です．
　これらを読んだ上で，J. M. クッツェー著，森祐希子／尾関周二訳『動物のいのち』（大月書店，2003 年）を読んでみてください．これはとても素晴らしい本だと思います．

---

16) このような恐れを検討している議論の例としては，シンガーの次の著作の第 15 章などがあります．ピーター・シンガー著，関美和訳『あなたが世界のためにできるたったひとつのこと——〈効果的な利他主義〉のすすめ』（NHK 出版，2015 年）．

II

ロボットの倫理を考える

第5章

AI と誠
―― ソーシャル・ロボットについて考える

5-1　ソーシャル・ロボットの普及

　1999 年，ソニーは「AIBO」という犬の形を模したロボットを販売しました．このロボットは何らかの実用的な機能を持つわけではなく，ユーザーとコミュニケーションを取り，ユーザーを楽しませることを目的として作られました．このようなロボットは「ソーシャル・ロボット」と呼ばれています．AIBO のオーナーの中には AIBO に対して強い愛着を持つ人びともいて，販売が中止されメーカーによる修理対応が終了した後は，故障して直せなくなった AIBO の葬儀を行う人びともいたほどです．累計販売台数は 15 万台を超えると言われています．AIBO の成功以来，さまざまなペット・ロボット，コンパニオン・ロボット[1]，おしゃべりロボットが発売されています．2015 年にはソフトバンクが「ペッパー」という一般消費者向けのソーシャル・ロボットを販売して話題になりました．ペッパーはユーザーと会話をすることができる人型のロボットで，「感情を持ったロボット」，「愛を持ったロボット」，あるいは「心を持ったロボット」と宣伝されています．

---

[1]「愛玩されるもの」という意味の「ペット」に対して，対等の関係性を強調する場合「共にあるもの」を意味する「コンパニオン」という言葉が使われます．

このようなロボットの活躍が最も期待されるのは、病院や介護施設などにおいてでしょう。実際，すでにそのような場所で使われているロボットがあります。たとえば産業技術総合研究所で開発されているアザラシ型ロボットの「パロ」や，富士ソフトで開発されている「PALRO（パルロ）」は，介護施設などでセラピーやレクリエーションのために使われています。認知症の患者がパロと接することによって問題行動が起こらなくなったり，症状が改善したりすることもあるそうです。動物を使ったペット・セラピーでも同様の効果はありますが，動物は飼育にコストがかかりますし，病院などの施設では本物の動物は衛生上の問題から使いにくいという問題があります。今後さらに高齢化が進むだろう日本では，このようなロボットの需要は高まると予想されます。

　子どもの相手をするロボットも登場しています。アメリカでは「世界で初めてのソーシャル・ロボット（The World's First Social Robot）」というキャッチフレーズがつけられた「Jibo」というロボットが販売されています。そのプロモーション用のビデオでは，Jibo が子どもに物語を聞かせたり，子どもと会話をしたりする場面が描かれます[2]。昨今の日本では保育士の人手不足が深刻な問題になっています。上述のロボットが介護施設で介護士の仕事を補助するように，いずれはロボットが保育士の仕事を補助したり，親の子育てを支援したりするようになるでしょう。

　さらに近い将来には，ロボットが人間の性愛の対象になると考える人々もいます。たとえば人工知能研究者のデイヴィッド・レヴィは，2050 年には人間がロボットと性的な関係を持つようになり，ロボットが人間のセックス・ワーカーに代わって性サービスを提供するようになると予想しています[3]。心理学者のヘレン・ドリスコルは，性に関するテクノロジーは社会の慣習さえも大きく変え，2070 年にはロボットとのセックスが「普通

---

2) https://www.jibo.com/　2016 年 3 月 27 日閲覧.

3) Levy, David, *Love and Sex with Robots*. Harper Perennial, 2008.

(norm)」で，人間同士の身体的な関係は「原始的（primitive）」とみなされるようになるだろうと予想しています[4]．

　人間と親密な関係を持つようにデザインされたロボットは，今後どんどん社会に普及していくでしょう．たくさんのロボットが人間のそばに置かれ，人間の感情を読み，自らも感情を持つかのように振る舞う，そして人間はロボットに対して，あたかも親しい人間に対して持つような愛着を持つようになるでしょう．なぜなら人びとが，そして社会がそれを求めるからです．接客業などのように自分の感情をコントロールすることを要求される労働は「感情労働」と呼ばれます．保育士や教師，ケアテイカーやセラピストなどの仕事は，その多くの部分が感情労働であると言えます．産業革命の時代に生まれた機械は，人間の代わりに肉体労働を行うものでした．コンピュータが生まれて機械は知的労働を代行することができるようになりました．人間に代わって労働を行うのがロボットだとすれば，サービス産業の重要性の高い社会においてロボットが感情労働を代行するようになるのは，必然の流れであるように思われます．

　ソフトバンクの社長の孫正義はペッパーの発表記者会見で「パーソナルロボットを普及させて，幸せを増やし，悲しみを減らす」と語りました[5]．Jiboの開発者のシンシア・ブリージールは投資を呼びかける動画の中で次のように言っています．「テクノロジーがあなたを本当に一人の人間として扱ったら，それはどのようなものになるでしょう？　愛する人たちをより近くに感じられる手助けをしたなら？　単なる道具としてではなく，パートナーとしてあなたを助けたらどうでしょう？　私たちは共にテクノロジーを人間らしくすることができるのです（Together we can humanize technology）」．

　人間から感情労働の負担を取り除き，そして多くの人びとの心を満たして

---

4) http://www.mirror.co.uk/news/uk-news/sex-robots-the-norm-50-6190575　2016年5月7日閲覧．

5) http://logmi.jp/14121　2016年3月27日閲覧．

くれるソーシャル・ロボットたち．それはとても素晴らしいテクノロジーに思えます．

5-2 まやかしの関係？

　しかしこのようなロボットに対しては，何かしら落ち着かない感じもします．私たちは人の感情に配慮するという仕事を機械に任せてもいいものでしょうか？　接客業においては「心のこもった」おもてなしが大事であると言われます．しかしロボットにはそもそも心があるのでしょうか？「心を持つ」とはどういうことかというのはきわめて難しい問題ですが，しかし私たちは通常，人間には心があると思い，電卓に心がないと思っています．そのような意味においては，現在のロボットは人間より電卓に近いように思われます．心のないロボットに高齢者や子どもの相手をさせること，心のないロボットによって人々の孤独をいやすことが，本当に良いテクノロジーの使い方なのでしょうか．

　実際にソーシャル・ロボットには問題があると指摘する声もあります．たとえば倫理学者のロバート・スパローは，AIBOが発売されて間もない2002年に，AIBOのようなペット・ロボットやコンパニオン・ロボットを非難する論文を書いています[6]．ペット・ロボットやコンパニオン・ロボットは，高齢の社会的に孤立した人びとを慰め楽しませるという利点を持つと言われます．しかしその利点は，人びとがロボットとの関係を実際の動物や人間との関係と同じものだという「幻想」を抱くことによって得られるものであり，そして意図的にそのような幻想へとユーザーを導くようにロボットを設計することは「非倫理的」だとスパローは論じます．

---

6) Sparrow, Robert, The march of the robot dogs. *Ethics and Information Technology*, 4(4)：305-318（2002）．

同様のことは心理学者のシェリー・タークルによっても指摘されています[7]．コンパニオン・ロボットはユーザーを気にかけているように見せかけることによって，ユーザーの感情的な反応を引き出すように設計されています．タークルはこれを「ダーウィンのボタンを押す能力」と表現します．人間の認知と情動のシステムは他者が自分に向ける表情や振る舞いに敏感に反応します．それは自分に協力してくれる他者を特定することが，私たちの祖先にとって文字通り死活問題だったために発達した能力でしょう．人間は徹頭徹尾社会的な存在であり，決して一人では生きていけません．したがって自分を気に掛けてくれるような振る舞いを見せる他者には，自分も気に掛けるようになるし，また自分の助けを必要としている他者には進んで手を差し伸べたくなります．このようにして人間は相互の協力関係や信頼関係を築いていきます．ソーシャル・ロボットは人間が進化の過程で生存と繁殖のために身につけた認知と情動の仕組みに付け込み，誤った思い込みと感情をユーザーに抱かせることで成り立っているということができるかもしれません．

　人を欺くということは一般に倫理的に悪いことであるとされます．もしもソーシャル・ロボットがスパローやタークルの言うように，ユーザーに誤った思い込みを持たせることによって成り立っているのならば，それは倫理的に悪いと言うことができるかもしれません．しかしながらこのような議論に対してはすぐに思いつく反論が二つあります．ひとつはソーシャル・ロボットは人を欺くものではない，という反論．もうひとつは「うそも方便」だという反論です．これらについて検討していきましょう．

---

7) Turkle, Sherry, *Alone Together : Why We Expect More from Technology and Less from Each Other*. Basic Books, 2011.

5-3 ソーシャル・ロボットはユーザーを欺いていると言えるのか？

「愛は触れること，触れることは愛」というのはジョン・レノンの歌「Love」の一節です．愛情というのは精神的なものである一方，このフレーズに表されているように，身体的な振る舞いも愛情には不可欠だという直感もまた私たちにはあります．ケアや気遣いなどについても同様で，まったく振る舞いに現れない気遣いなどは気遣いと呼べないでしょう．それどころかひょっとしたら振る舞いに現れるものが気遣いや愛情のすべてなのかもしれません．

結局のところ人間についても，他人が心の中で何を考え感じているかということは，その振る舞いや言葉から推測するしかありません．だとすれば十分な気遣いを示すように振る舞い言葉を発するロボットは，実際に気遣いをしていると言ってもいいのではないでしょうか．これは第 1 章で紹介した「チューリング・テスト」と同じ考えです．この場合は，もしもユーザーが十分ロボットに心を感じているならば，そのユーザーとロボットの間には真正な愛情関係，相互の気遣い関係が生じていると言ってもよい，という考え方です．

もうひとつ，ソーシャル・ロボットを使っている人間は本当にだまされているのか，という疑問もあります．多くのユーザーはロボットには人間や動物と同じような意味では「心」を持ってはいないということを承知で，ごっこ遊びを楽しむようにロボットとのやりとりを楽しんでいるように思われます．これを欺瞞と呼ぶのであれば，小説や映画，テーマパークなどのフィクションもまたユーザーをだましていると言えるでしょう．あるいは人形や動物のぬいぐるみはどうでしょうか．ぬいぐるみの可愛らしい外見もおそらくユーザーの「ダーウィンのボタン」を押すように作られています．しかしぬいぐるみがユーザーをだましているという批判は聞いたことがありません．人形や動物のぬいぐるみには問題がなくソーシャル・ロボットには問題があ

るとしたら，それらの間の違いは何なのでしょうか．

　さらにもうひとつ，ソーシャル・ロボットなどのテクノロジーは「人と人との関係」を「人と機械の関係」に置き換えるものではなく，「人と人との関係」を機械によって媒介するものだ，という反論が考えられます．たとえばペッパーは「人々の孤独を解消したい」という孫正義の意図に沿って作られています．ここではユーザーと開発者たちの間に人間的な関係が成立していて，ペッパーはその仲立ちをしているのだとも言うことができます．パロのようなロボットに関しても，それは開発者と介護者と患者の間の関係を媒介するものであって，決して患者とロボットという一方向的でまやかしの関係を作るものではないのかもしれません．古くから人と人との関係は道具によって媒介されたものでした．ソーシャル・ネットワーキング・サービス[8]，電子メール，携帯電話，固定電話，電報，手紙……．遡ればコミュニケーションのテクノロジーの歴史は言葉の発明にたどりつくでしょう．形は違えどこれらのテクノロジーは，どれもある人の気遣いを別の人へと伝えるために使われたのです．その最も新しい形態としてソーシャル・ロボットが生まれたのだとは言えないでしょうか．

5-4　うそも方便

　スパローなどの批判からソーシャル・ロボットを擁護するもう一つの方法は，帰結主義に訴えることです．スパローはソーシャル・ロボットは人々に幻想を持たせる，すなわち人びとをだますから倫理的に悪いのだと主張します．ここでは「人をだましてはいけない」という義務の存在が前提となっているように思われます．つまりこういった批判は義務論に基づいているわけです．しかし義務論的な観点からは悪いと判断されることでも，帰結主義的

---

[8] ソーシャル・ネットワーキング・サービスについては後述します．

な観点からは擁護できるかもしれません．

　第2章で見たように，帰結主義とは行為の良し悪しを，その行為が引き起こした帰結の良し悪しによって判断するという立場です．帰結主義のひとつのヴァージョンである功利主義ではとくに，その行為によって影響を受ける人びとの全体に結果的にどれだけの幸福と不幸を引き起こしたかという基準で，行為が評価されます．この立場に立てばたとえ人をだましたとしても，そのことによってもたらされた不幸がそのことによってもたらされた幸福よりも小さければ，その行為は必ずしも倫理的に悪い行為とは考えられません．

　スパローの言う通り，AIBOがユーザーに何らかの幻想を抱かせるものであるとしましょう．それによって実際どのような害が生じているのでしょうか．ユーザーの身体や精神がそれによって傷つけられるということはなさそうです．ユーザーがその幻想のゆえに失うことが明らかなものは，AIBOに費やすお金と時間です．仮にそれだけがユーザーの失うものだとしたら，費やしたお金と時間に見合うだけの楽しみが得られたとユーザーが判断するのであれば，功利主義的な観点からはAIBOは正当化されます．それどころか「AIBOは生きている」，「AIBOには心がある」などとユーザーに思わせることができるほどによくできているのであれば，そうでないよりもユーザーの満足度は高いはずです．したがって功利主義的観点からは，ユーザーに幻想を抱かせるようにデザインすることがむしろ正しいとさえ言えそうです．

　ケアや介護を行うロボットについてはどうでしょうか？　この場合にはロボットと接する人びとの満足感だけではなく，家族などその周囲の人びとの快・不快も考える必要があるかもしれません．たとえば認知症を抱える高齢者がケア・ロボットと楽しそうにお喋りをしている姿を見て，その家族が心痛を感じるという可能性は十分に想像できます．ロボット工学者の岡田美智男と心理学者の松本光太郎は『ロボットの悲しみ』[9]の中で，桜の花の下で

---

9) 岡田美智男／松本光太郎編著『ロボットの悲しみ──コミュニケーションをめぐる人とロボットの生態学』新曜社，2014年．

腕に抱いたおもちゃのお喋りロボットに話しかける老人の姿に「痛々しさのようなもの，後ろめたさのようなもの，そして居たたまれなさのようなもの」を感じたと言います．家族であればなおさらそのような気持ちは強いでしょう．このような感情を「ただの感傷」といって切り捨てることもできますが，感傷であれ何であれその心痛は本人にとってはリアルなものであり，それゆえに功利主義（とくにベンサムやミル，シンガーのような幸福と不幸を快と不快に結びつけて説明する功利主義）の立場からは，無視することができません．とはいえもし家族であれば，本当にそれが不快ならばロボットを使わないという選択肢を選ぶこともできます．それはより大きな費用や労力を伴うでしょうが，その付加的な費用や労力がロボットを使うことの心痛に勝るものでないならば，その人はそれを選ぶでしょう．功利主義の立場から言えることは，ソーシャル・ロボットを使うことが使わないことよりも快を増やし不快を減らすならば使えばよい，そうでなければ使わなければよい，ということだけです．

　もちろんこうした正当化は，功利主義が正しいという前提を受け入れた上でのものであり，その前提自体には大いに議論の余地があります．しかしそれは義務論についても同じことです．とくに私たちが常に人をだまさない義務を持つかどうかは，かなり疑わしいことです．ユーザーに幻想を抱かせたのだから悪いと言うのであれば，「サンタさんがプレゼントをくれたんだよ」と子どもに伝える親は非倫理的でしょうか？　子どもにミッキーマウスの存在を信じさせたからといって，ディズニーランドは倫理的な非難に値するでしょうか？　ある倫理理論が無害で楽しいフィクションすべてを禁じるのだとすれば，私はそのような理論は間違っている，あるいは少なくとも現実の問題に適用できる理論ではないと思います．もちろん義務論のすべてがこれほど単純なものではないでしょうが，たとえばディズニーランドとAIBOを区別する理由を明確にしない限りは，AIBOを批判することはできないでしょう．そして私はディズニーランドとAIBOを区別しなければならない十分によい理由はないと思います．

「人をだましてはいけない」ということが多くの場合に正しい倫理的な原則だとしても，それだけを理由にソーシャル・ロボットが倫理的に悪いものだと結論づけることはできないでしょう．問題はそのロボットが無害で楽しいフィクションを提供するものなのか，それとも有害で悪質な幻想を植え付けるものなのかということです．そしてこれは「ソーシャル・ロボット」という大きな括りで論じるのが適切な問題とは思えません．この問いの答えは個々のテクノロジー，その用途，使われる具体的な状況に依存します．ソーシャル・ロボットはユーザーの感情に大きな影響を与えうるテクノロジーです．以前，Facebook[10]がユーザーにネガティブな投稿を選択的に表示して，そのことがユーザーの気分に影響を与えるかどうかを確かめるという実験を行って，問題になりました．もしソーシャル・ロボットが同じように意図的にユーザーにネガティブな気分を持たせるように使われたとしたら，それは倫理的に問題があると考えられるでしょう．

5-5 ソーシャル・ロボットが社会に与える影響

ソーシャル・ロボットがそれ自体として倫理的な問題を持つと考える決定的な根拠はない，と私は思います．しかしだからと言って，ソーシャル・ロボットを問題視する必要がまったくないとも思いません．その運用方法に関しては私たちは慎重であるべきです．というのもソーシャル・ロボットは，使い方によってはユーザーの心理に，あるいは社会全体に大きな影響を与える可能性があるからです．

上述のシェリー・タークルは，情報技術の発展が人と人との直接的なつながりを減じさせていることを危惧しています．情報技術は私たちが世界中の多くの人々とつながることをますます容易にしている一方で，そのことによ

---

10) ソーシャル・ネットワーキング・サービスの最大手の一つ．

って私たちは目の前にいる人間への配慮を失っている，とタークルは主張します[11]．タークルは彼女自身が長年にわたって行ってきた豊富なインタビューや，心理学や社会学における近年の研究に基づいて，情報技術の発達がいかに人のコミュニケーションのあり方，人間関係のあり方，あるいは人間の生き方を変化させているかを論じています．一言でいえば，スマートフォンなどの情報機器を手にした人びとは自分自身や目の前の人間と直接的に向き合い，重要な問題について時間をかけて考えたり論じたりすることを避け，機械の向こうの人びと，あるいは機械そのものへと逃避するようになっている，というのがタークルの主張です．

　タークルの挙げている事例はアメリカのものですが，その他の国でも同様の変化が起こっていると言っていいと思います（日本はまだアメリカほど深刻ではないと思われますが）．携帯電話が普及し始めたころ，人と一緒にいる時にかかってきた電話に応答することは，一緒にいる相手に失礼であるという感覚がありました．しかし今ではそのような感覚はほとんどなくなっています．仕事上の会議の最中に電話に出るために会議室を退出する人も珍しくなくなりました．昨年，あるシンポジウムに参加していた時，一人の登壇者（ドイツの方でした）がかかってきた電話に応えて壇上で話をし始めたのには驚きましたが，そのうちこれも当たり前のことになるのかもしれません．

　私たちの注意を目の前の人たちから逸らすのは，遠いところにいる別の人からの個人的なコンタクトに限りません．カフェで向かい合わせに座った恋人同士がそれぞれ自分のスマートフォンの操作に没頭している光景は，私たちの社会ではもはや珍しいものではなくなりましたが，彼らは必ずしも特定の個人とメッセージのやりとりをしているわけではありません．彼らが熱心にメッセージを送っている相手はしばしばインターネット上に散らばり，いわゆる「ソーシャル・ネットワーキング・サービス」によって緩やかにつな

---

11) Turkle, Sherry, *Reclaiming Conversation : The Power of Talk in a Digital Age*. Penguin Press, 2015.

がった不定形の「群衆（クラウド）」です．

　ソーシャル・ネットワーキング・サービス（SNS）は，登録されたユーザー同士が「友だち」になり，互いにメッセージをやりとりするための仕組みを提供します．そこでのメッセージは多くの場合，特定の個人に向けられたものではなく，「友だち」になっているすべての人に向けられています．代表的な SNS のひとつである Twitter では，ユーザーは自分の気に入ったユーザーの「フォロワー」になります．フォロワーになるには通常，相手の許可を得る必要はありません．ユーザーは「ツイート」と呼ばれる最大 140 字までのメッセージを Twitter に投稿します．するとその投稿はそのユーザーのすべてのフォロワーに送られます．またとくに制限をかけていなければメッセージはインターネット上に公開され，Twitter に登録していない人でも読むことができます．

　SNS においては投稿を見た人がその投稿を何らかの仕方で評価します．たとえば Twitter では投稿に「いいね」，「リツイート」などのボタンが付けられています．「いいね」は文字通り，その投稿に対する肯定的な評価を示すもので，「リツイート」はボタンを押した人がその投稿を自分のフォロワーに再送信する機能を持ちます．投稿を見たユーザーがそれらのボタンを押すと元の投稿者にそのことが通知され，投稿者は自分の投稿がどれだけ「いいね」や「リツイート」を得たかを知ることができます．一般に「いいね」や「リツイート」の数が多ければ，その投稿は高く評価されたということになります．

　投稿を評価するこのような仕組みが，SNS の魅力の重要な部分を占めていると私は思います．この仕組みを通じて，私たちは他者に承認されたい，コミュニティの中で重要な存在として認識されたい，という強い欲求をきわめて手軽に満足させることができます．評判のカフェのスイーツ，観光名所，可愛い動物，（少なくとも自分にとっては）可愛いわが子，風変わりな看板，羽目を外している友人をスマートフォンのカメラ機能で撮影し，あとはボタンひとつで SNS に送れば，世界中の多くの「友人」が「いいね！」と言っ

てくれるのです．しかし目の前の一人の人間と対話をしたところで，一人の評価しか得られません．そしてその評価は得てして SNS の「いいね！」ほどはっきりと分かりやすいものではなく，またデジタルの記録の中に残るものでもありません．なのになぜわざわざ目の前の一人と対話をしなければならないのでしょうか？　こうして私たちはデジタル化された承認を求め，目の前の人間から離れて，スクリーンの向こうの姿の見えない群衆へと向かいます．

　ソーシャル・ロボットの普及はこのような傾向に拍車をかける可能性があります．人びとがコミュニケーションを取る相手はもはやスクリーンの向こうの群衆ですらなく，スクリーンに映る人工的なエージェント，あるいはスクリーンをボディーの一部に組み込んでいるロボット（ペッパーや Jibo のような）でもよくなってしまうのかもしれません．このような変化は少しずつ，そしてゆっくりと私たちの他者に対する態度，人間関係の基本的な部分に影響を与えていくでしょう．タークルは直接的な対話を避けることが，他者への共感能力の欠如を招くことを危惧しています．ミシガン大学で行われたある調査では，今日の大学生が 20～30 年前に比べて他者への共感を顕著に欠いているということが示されています．この調査に携わったある研究者は，その理由についてはさらなる調査を待たなければならないとしながら，ソーシャル・メディアのお手軽な友人関係が一因を担っている可能性を示唆しています[12]．このような変化が最終的にどんな変化を社会にもたらすのかは予想が困難です．それゆえに私たちはその影響に注意を払う必要があります．

---

12) http://ns.umich.edu/new/releases/7724-empathy-college-students-don-t-have-as-much-as-they-used-to　2016 年 9 月 16 日閲覧．

5-6 おわりに

　本章では人間とコミュニケーションを取るソーシャル・ロボットに対して持たれている懸念について検討しました．ソーシャル・ロボットには大きな需要がある一方で，それは倫理的に問題があると考える人びとがいます．しかしそれは必ずしもソーシャル・ロボットに内在的な問題ではなく，それが倫理的に問題があるかどうかは個別的なケースに依存するということを本章では論じました．

　とはいえソーシャル・ロボットの普及は，近年，情報通信技術がすでに大きく変化させている人間同士のコミュニケーション，つながりをさらに劇的に変化させる可能性があることを認識することは重要であり，私たちはこの技術の利用に際して慎重でなければなりません．

さらなる理解のために
　本文中でも触れた岡田美智男／松本光太郎編著『ロボットの悲しみ——コミュニケーションをめぐる人とロボットの生態学』（新曜社，2014 年）は，ソーシャル・ロボットと人間のかかわりについて考えるためのよい入門書になります．この本ではロボット工学者，心理学者，哲学者など異なる分野の専門家がそれぞれの視点で，人と心のない機械のかかわり方について考察しています．浜田利満「ロボット・セラピー・システム」（桑子敏雄編著『いのちの倫理学』コロナ社，2004 年：144-167）は，ロボット・セラピーについてのよくまとまった解説です．

第6章

壁にマイクあり障子にカメラあり
―― ロボット社会のプライバシー問題について考える

6-1 ロボット利用に伴うプライバシー問題

　本章で扱うのはプライバシーの問題です．第5章ではペット・ロボットやコンパニオン・ロボットの利用の倫理性が検討されました．そこにはさまざまな「ソーシャル・ロボット」と呼ばれるロボットが登場しました．たとえば，ソフトバンクが販売する「ペッパー」は「感情を持ったロボット」としてユーザーとコミュニケーションを行います．また，富士ソフトが開発した「PALRO（パルロ）」は介護施設などでセラピーやレクリエーションのために用いられます．また，ロボットによる性的サービスの提供の是非が倫理学者によって議論されています．

　コミュニケーションという観点からの問題点については第5章で扱いました．しかし，ソーシャル・ロボットの利用についてはプライバシーの観点からも懸念が示されています．たとえば，Googleは持ち主と対話可能なぬいぐるみの特許を2012年に申請しました．2015年に公開されたその内容によると[1]，ぬいぐるみにはカメラ，マイク，スピーカー，そしてモーターが取

---

1) Kelion, Leo, Google patents 'creepy' internet toys to run the home. BBC News. http://www.bbc.com/news/technology-32843518　2015年5月22日閲覧．

りつけられ，ユーザーの言葉や行動を感知し，それに反応して動いたり話し返したりします．適切な反応をするために，ぬいぐるみはインターネットにつながれていて，ユーザーの言動はサーバーを介して記録・処理され，サーバーはさまざまな命令をぬいぐるみに返します．また，ぬいぐるみはテレビやエアコンなどのリモコンとしても利用でき，ぬいぐるみに「テレビつけて」など指示を与えることでさまざまな機器を操作することができます．Google としては家の中のどこにいてもこの機能が使えるようにぬいぐるみが家のあちこちに配置されることを考えているようです．

このようなぬいぐるみは一見便利な上，上手に子どもの関心をひきそうです．しかしながら，もしぬいぐるみが私たちの指示を素速く実行するために私たちの会話や行動のログを絶えず記録するとしたら，私たちはちょっとした気味の悪さを感じるでしょう．そして，同じような懸念は先に言及したソーシャル・ロボット一般に当てはまりそうです．また，今後ロボットを洗練し，ユーザーひとりひとりに特化した反応をさせようとするなら，ロボットを介して集められる情報の量と種類はさらに増えることでしょう．

プライバシーは情報倫理学においても早い段階から重要な問題として議論されてきました．「IC チップ上のトランジスタ数は 18 ヶ月ごとに 2 倍になる」というムーアの法則が経験則として成立するほど，コンピュータの記録能力と処理能力は短期間の間に急激に向上してきました．また，性能の向上と小型化によって，コンピュータは高い汎用性と遍在性を手にしました．すなわち，身の回りの仕事の相当数をコンピュータはこなすことができるようになり，生活空間のいたるところに配置されるようになりました．このようにして，PC やスマートフォンはいわずもがな，テレビやエアコン，洗濯機などの家電の制御や，バスおよび電車の運賃やコンビニでの支払いの処理，エレベーターや自動ドアの制御などなど，私たちが朝起きてから寝るまで，さまざまな情報をコンピュータは処理し，少なくとも一旦はそれを記録します．これにインターネットの急速な広がりが加わることで，保存されたデータがより簡単に集積・検索・解析できるようになりました．現在利用が盛ん

に検討されているビッグ・データは，まさにこれら情報技術の発展の産物と言えるでしょう．

情報技術の発達は記録社会をもたらしました．従来，私たちは何かを記録するために多くの労力を払ってきました．しかし，情報化社会では記録されるのが当たり前で，むしろ一旦記録されたデータを消去する方が難しくなっています．このような社会では，情報に向き合う私たちの態度は変化します．従来は，情報は特定の目的のために収集されるものでした．しかし現在は，情報は種類を問わずとりあえず記録され，その中から目的に応じて必要なものを探しだすものになっています．その利用に関しては組織ごとに「プライバシー・ポリシー」を策定しているものの，私たちは行動の多くをコンピュータに記録されずに生活することが困難だという事実は変わらないでしょう．

より多くのロボットが生活に入り込むと，この傾向はいっそう進むように思われます．日常の場という複雑な環境でロボットを適切に動かすには，ロボット自身が周囲の状況をモニターすることに加え，外部にカメラなどのセンシング機器を設置し，環境や位置に関する情報をロボットに送り続ける必要があります．また，先に述べたぬいぐるみやソーシャル・ロボットの利用は，より個人的でセンシティブな情報を収集することにつながるでしょう．

ロボットを現実社会で運用すると，必然的に多くのプライバシー問題が生じます．もちろん，現在のロボット技術の開発者の多くはこのことに気づいており，プライバシーに配慮した設計を目指しています．しかしながら，しばしば言われるように，プライバシー問題への取り組みは技術と人間が両輪をなしています（これは情報倫理にかかわる問題のほとんどについて言えることです）．本章を通じて示したいことのひとつは，プライバシー問題の解決の鍵は技術だけではなく，プライバシーの適切な理解にもあるということです．

本章では以下のように話を進めます．まず米国で発展したプライバシー権の歴史を見ることでプライバシー概念の多様さを確認します（第2節）．その後で，プライバシーはなぜ重要なのか（第3節），そしてロボットの利用に伴って生じるプライバシー問題にどのように対処すべきか（第4節）を順

に見ていきたいと思います．

6-2　プライバシー権とは

(1)　米国におけるプライバシー権発展の歴史

「プライバシー」は多義的な言葉です．たとえば，年頃の男の子が母親に日記を見られた時に「お母さん，それはプライバシーの侵害だ」と言うとしましょう．ここで彼は「プライバシー」という言葉で「私的な事柄」のことを意味しているのかもしれませんし，「秘密」を意味しているのかもしれません．また，「私的」という意味の反対の「公的」ということを考えると，たとえば「この前プライベートで金沢に行ったよ」というように，個人的な事柄というよりは，「仕事ではない」「学校やクラブ活動の行事ではない」といったことを意味する場合もあります．さらに，日本語の「プライバシー」とその元となった英語の privacy，private との間にも意味のズレがあり（英和辞典を引いて確認してみてください），そこまで含めると「プライバシー」という言葉ひとつにさまざまな意味があることがわかります．

情報倫理学においても，その意味内容の特定をめぐって活発な議論がなされています．ここで「プライバシー」の日常的な意味に加えて，情報倫理学で扱われる意味をすべて扱うとなると非常に大変です．そのため本章では，情報倫理学で扱われる議論の中から，ロボット利用にかかわるプライバシー問題を扱うのに有用なものを選んで紹介したいと思います．そこでまず押さえておきたいのは，「プライバシー」の概念が学問の領域に導入されたのはまず米国においてであり，しかもそれは法的権利を示すものだったという点です．本章では最終的に「プライバシー」を道徳的権利として考察していくわけですが，その前に米国でプライバシーの権利が法的権利としてどのように発展していったのかをみておきます．それによってプライバシー概念のも

つ広がりを確認しましょう.

　まず登場したのはS・ウォーレンとL・D・ブランダイスによって定式化された「放っておいてもらう権利」(the right to be let alone) という概念です[2]. この概念の背景には当時流行していたイエロージャーナリズムがあります. 弁護士であり，実業家でもあったウォーレンは製糸業者として成功し，地元の名士でした．そのために，彼の夫人や娘が主催するパーティーの様子など，身の回りのことを事細かに地元の新聞社に報道されるという事態が生じます．当時名誉棄損の発想はありました．しかし名誉棄損では，名誉を傷つけられることで社会的な不利益などが生じない限り訴えることができません．この場合，パーティーの参加者や内容を報道されることによって，悪い評判が広まるなどの社会的な不利益が生じるとは考えにくいため，名誉棄損に訴えることはできません．そこで彼は法律事務所を共同で営むブランダイスに相談し，名誉毀損とは別個に，自分についての情報の取り扱いに関する新しい法的権利を主張したのです．これ以降，イエロージャーナリズムに対する訴訟が次々と起こり，最終的には1931年のメルヴィン対レイン事件判決（カリフォルニア州最高裁判所）を経て，1967年に出された「カッツ対合衆国」判決においてこの権利が憲法上の権利であることが確認されました．

　プライバシー権という考えはウォーレンとブランダイスの定式化以降，20世紀にはすでに一般的なものとなっており，多くの訴訟を通じてあいまいなものになりつつありました．そこでW・L・プロッサーは1890年以降1960年までの約70年間にわたる300件のプライバシー関連の裁判例を実証的にまとめあげ，論文「プライバシー」においてプライバシー権に関する四類型を提示しました[3]．これは従来「不法行為」と呼ばれるカテゴリーのどこにプライバシー侵害が位置づけられるのかを特定した点で，重要な意味をもち

---

2) Warren, S. and Brandeis, L. D., The right to privacy. *Harvard Law Review*, IV (5) (1890).
3) Prosser, W. L., Privacy. *California Law Review*, 48 (3) : 383-423 (1960). 四類型とは，1. 私的領域への侵入　2. 私的情報の不本意な公開　3. 誤った私的情報の流布　4. 私的情報の不正な営利的利用の四つです．

ました.しかし,60年代半ばに表現の自由との衝突が浮き彫りになると表現の自由に道をゆずるといった側面も見せ,プライバシー権はあいまいさの余地を残すこととなります.

　プロッサーは四類型化によってプライバシー侵害がいかなる不法行為にあたるかを説明したわけですが,これは同時にプライバシーを他の権利侵害に還元したことになります.これに対して,プライバシー権に「人間の尊厳」という価値を認定する必要性を訴えた人が同時代にいました.それはE・J・ブラウスティンです[4].この発想はのちに応用され,「私的生活圏における自由の保障」という側面で権利が発展していきます.たとえば1965年の「グリスウォルド対コネチカット州」判決では避妊を禁止していた州法が憲法違反であることが示され,また1973年の「ロウ対ウェイド判決」では女性が妊娠を中断する権利(人工妊娠中絶の権利)もまたプライバシー権の一部だと認められました.このようにして,プライバシー権に今日で言う自己決定権の意味合いが含まれていきました.

　1970年代に入るとプライバシー権に新たな側面が登場します.それは「自己情報コントロール権」という考えです.この背景にはデータ・バンク社会の到来という事情がありました.当時米国連邦政府は,センサス・データ(国勢調査のデータ)や社会保障番号をはじめとした,市民に関する個人的な記録をコンピュータで処理できる形で大量に所持していました.また,通信販売やクレジットカードの利用が進み,企業もまた多くの顧客情報を所持し,またより多くの情報を収集・記録することが企業利益につながるようになっていきます.このような社会の情報収集の気勢に対して,A・F・ウェスティンは著書『プライバシーと自由』[5]において「自分自身が,いつ,いかに,そしてどんな範囲で,自分に関する情報を他者とやりとりするのか,

---

4) Bloustein, E. J., Privacy as an aspect of human dignity : An answer to Dean Prosser. *New York University Law Review*, 39 : 962-1007 (1964).

5) Westin, A. F., *Privacy and Freedom*. Atheneum, 1967.

を決定する要求」とプライバシー権を定義したのです（この要求は個人だけでなく，集団や組織の権利でもあるという点も重要です）．また，A・R・ミラーもデータ・バンクの乱用に対して，「社会関係や個人の自由を維持するのに不可欠な力」としての自己情報コントロール権をプライバシーの権利として主張しました[6]．これらの考えは連邦政府を対象に1973年に制定されたプライバシー法や，企業の準則や慣行の積み重ねからなる公正情報取扱慣行の原則[7]などに結実しています．

(2) プライバシーの規範的意味と記述的意味

以上，米国の歴史を振り返ると「プライバシー権」という権利にさまざまな側面があることがわかります．そこには，「放っておいてもらう権利」や自己決定権といった側面，さらには自己情報コントロール権といった面が少なくとも見られます．これにプロッサーの類型を加えるなら，他の不法行為の領域を含め，プライバシー権は幅広い領域で行使されるひとつの権利のように見えます．

しかしながら，これらに共通する特徴はあるのでしょうか．プライバシーを「権利」という規範的なものとして捉えていては，そもそもプライバシーとは何なのかがわからなくなる場合が多々あります．そこで，情報倫理学ではプライバシーの意味を「記述的」なものと「規範的」なものに区別し，さまざまなプライバシー権に共通して成立する（事実としての）事態をプライ

---

6) アーサー・R・ミラー著，片方善治／饗庭忠男監訳『情報とプライバシー』ダイヤモンド社．1974年（Miller, A. R., *The Assault on Privacy : Computers, Data Banks, and Dossiers*. The University of Michigan Press, 1971）．

7) 公正情報取扱慣行の原則（Fair Information Practice Principles）は保健・教育・福祉省の，自動化された個人データに関する長官諮問委員会による1973年の報告書で提案され，名づけられました．U. S. Department of Health, Education and Welfare, *Records Computers and the Right of Citizens : Report of the Secretary's Advisory Committee on Automated Personal Data Systems*（1973）を参照してください．

バシーの「記述的意味」として探究することにしました．その上で，その事態をどのような場面でどの程度実現すべきかを示す「規範的意味」を確定しようと取り組んだのです．

　もう少し説明すると，「記述的」と言うのは，「価値を含まない」という点で「何らかの行為の要請や禁止を伴わない」の意味で用いています．逆に，価値を含み，何らかの行為の要請や禁止，それらの正当化を伴うのが「規範的」ということになります．たとえば，あなたが部屋にひとりでいるところに，母親が入ってきたとしましょう．この時，あなたが母親に「私にはプライバシーがある」と言うなら，それは「部屋から出て行って」という要請を伴った規範的意味で用いられています（そして「母親に部屋から出て行ってもらう」ことがプライバシーの要請であり，それがプライバシーの観点から正当化されることを示す理論がプライバシーの規範的意味の理論ということになります）．逆に，母親が部屋から出て行った後，あなたが部屋のドアに鍵をかけて「私にはプライバシーがある」と言うとしましょう．この言葉は，プライバシーと呼べる一定の事態が事実として成立しているという事態を表現しているため，それは記述的な意味で用いられている，ということになります．

　さて，記述的意味の内容についてはさまざまな議論がありますが，以下で紹介する理論にはプライバシーの記述的意味を「アクセス制限」という事態の成立と見る共通点があります．したがってこれらの理論では，どの対象にどの程度アクセスを許容するべきかという観点からプライバシーの規範的意味が論じられます．たとえば，R・ゲイビソンは記述的意味として，知られうる情報の制限としての秘密，向けられる注意の制限としての匿名性，物理的アクセスの制限としての孤立をあげています[8]．また，後述する水谷らは情報・場所・モノへのアクセス制限を記述的意味として考えています．このように考えると，プライバシーの規範的意味の理論に求められるのは，何に

---

8) Gavison, R., Privacy and the limits of law. *The Yale Law Journal*, 89 (3): 421-471 (1980).

対してどの程度，記述的意味でのアクセス制限を課すか（許すか）を適切に規定でき，正当化できることだと言えます．それでは，そのような要請にこたえる理論とはどのようなものなのか，次節で検討しましょう．

6-3 プライバシーの価値と情報化時代のプライバシー理論

　情報の流通媒体の主流がマスメディアであったひと昔前とは異なり，現在ではインターネット検索で個人にかかわる情報を探し出すことができるだけでなく，個人がFacebookやTwitterなどのソーシャル・ネットワーキング・サービス（SNS）を使って自らの情報を発信するようになりました．また，コンピュータ・ウィルスや時にはUSBメモリの紛失のような人的過失によって，管理されていた大量の個人の情報が不正に流出するという事態も起こるようになりました．

　このような現代の状況は，ウォーレンとブランダイスが私的生活圏で「放っておいてもらう権利」を主張した際に念頭にあったものとも，さらには，ウェスティンが政府や企業による個人情報の乱用を危惧した状況とも大きく異なっていると言えます．現代ではもはや自ら進んで私的生活圏に関わる情報を公開している一方で，自分に関する情報を，いつ，いかに，そしてどんな範囲で，他者とやりとりするのかを自ら決定することも不可能でしょう．つまり，現代は自分に関する情報が大量に発信されているのに対して，自分の情報がどこに，どのようなかたちで保存されているか，さらにはそこに誤りがないかどうかを確認できない時代だと言えます．

　ここで言葉を簡単にするために，自己情報に関するプライバシーを単に「情報プライバシー」と表しますが[9]，もし現代で完全な情報プライバシー

---

9) H・タバーニは個人にかかわるプライバシーを「アクセス可能性にかかわるプライバシー」「決定にかかわるプライバシー」「情報プライバシー」の三つに分類してい

を要求するなら，現代はプライバシー喪失の時代であり，そもそも「情報プライバシー」という言葉を用いる意味がなくなってしまいます．自分に関する情報のやりとりのすべてを自ら決定することは不可能だからです．ここで情報プライバシーという言葉に何らかの意味を与えるひとつの手は，記述的意味におけるプライバシーの実現（ここでは「自分にかかわる情報へのアクセス制限」としましょう）に限度を設けることです．この時，プライバシーがどのような価値をもつかを示すことはこの限度の設定に役に立つでしょう．というのは，プライバシーの実現がどのような価値をもち，何のために維持する必要があるのかがわかれば，おのずと，いつ，誰に，どの程度までアクセスを許すのかがわかるからです．これが，プライバシーの価値を同定する理論がプライバシーの規範的意味の理論になるゆえんです．

　以下では，この「何のために」「どの程度まで」という問いに何らかの答えを与える理論としてまず，自律，社交，内在的価値，親密性という四つの価値に基づく理論をそれぞれ概観します．そしてその後に，情報プライバシーを個人のもつ価値と考えたこれらの理論とは別の視点から，情報プライバシーを社会のもつ善と捉える理論について説明しましょう．また最後にプライバシー問題を事実の問題としてではなく，規範の問題として考える理論を紹介します．

(1) 自由・自律および社交のための情報プライバシー

　前節では，米国で発展したプライバシー権には自己決定の側面があることを見ました．情報プライバシーが重要なのは自己決定ができるからという考えは，伝統的で根強い考えです．先のウォーレンを例にとるなら，地元の名士の娘が結婚パーティーを主催し，それに招かれたとしても，その様子が盗

ます．本章はこの用法に従っています．Tavani, H., *Ethics and Technology: Controversies, Questions, and Strategies of Ethical Computing* (4th ed.). Wiley, 2012.

撮され新聞で報道されるとなると招待客は（そして主催者も）心のままにパーティーを楽しめないでしょう．別にやましいことをしていなくても，単に「他人に詳細が知られない」という理由だけで，私たちの自由が促進されることがあります．また，社会や周りの人々に不満を抱いていたとしても，それが知られないからこそ持ちうる思想の自由というものもあります．このように，とくに，秘密にしたい情報へのアクセスを限定することによって私たちが手にする行動上・思想上の自由というものは，間違いなく存在します[10]．

　この考えでは，情報プライバシーの価値とは自律・自由の促進を意味します（ここでの自律はカント的な意味ではなく，単に「したいこと，大切に思うことをする」程度の意味です）．となると，自分に関する情報を他人に知られることで，自分が価値あると思うこと，したいと思うことができなくならない限り，情報のアクセス制限を気にしなくてよいということになります．SNSに自分の好きな食べ物や，恋人とのデートの記事を投稿したとしても，そのために他の大切なこと（たとえば友人と遊びに出かけること）ができなくなるのでなければ，その情報へのアクセス制限についてわざわざ頭を悩ませる必要はない，ということです．これはインターネットショッピングサイトや検索サイトに提供する購入履歴や検索履歴のことを考えても同様でしょう．それによって，自分の自由が脅かされるのでなければ，それはコントロールする必要のない情報なのです（当然のことながら，情報化社会では個々の情報だけでなく，それをもとに検索などで発見される情報にも配慮した上で，この判断をしなくてはなりません）．

　これに近い考えに，情報プライバシーが社交のために重要だという考えもあります．たとえば政治哲学者の仲正昌樹[11]は，自分の本当の性格や秘密が人々に筒抜けになってしまうと，社会的な生き残り戦略を立てる上で不利になると指摘します．たしかに，そのような情報が知られてしまうと私の行動

10）ゲイビソンの前掲書を参照してください．
11）仲正昌樹『「プライバシー」の哲学』（ソフトバンク新書，2007年）．

は容易に先読みされるようになりますし，下手な先入観をもたれることで不利益を被ることもあるかもしれません．また，後に詳しく紹介するレイチェルズも指摘するところですが，チェスなどのゲームでは思考を読まれることに直接的な不利益がありますし，アルコール依存症や犯罪歴など，知られてしまうと婚約破棄など人生にとって大きなダメージとなる情報もあります．これらは情報プライバシーが他人との付き合い，すなわち社交において重要な役割を担っており，制限された情報へのアクセスは社交の価値を損なうがゆえに不正だという考えを支持する理由です．これに従うなら，私たちは社交に有利になるような情報（および中立な情報）へのアクセスと不利になる情報へのアクセスを区別し，後者へのアクセスを制限することが記述的な意味での情報プライバシーの保護であり，その保護の要請がプライバシーの規範的意味だと考えることができます．

　とはいえ，情報プライバシーの価値を自由，自律，社交の手段に限定するのにはいくつかの問題があります．そのうちのひとつは，先に述べたように，自律とは無関係なところでも，私たちが自分についての情報をコントロールしたい場面があるためです．たとえば，絶対にばれない覗き屋というものを考えてみましょう．彼は高度な覗きの技術をもっていてあなたの生活を覗き見していますが，彼が覗いていることは絶対にばれないとしましょう．同時に，彼の目的は純粋に覗き見だけで，覗いている以外にあなたには一切干渉しないとしましょう．加えて，あなたは（そして周りの人も）彼の存在に気づいていないので，あなたのとる行動は彼の存在によって変わることがないとしましょう（ゆえにあなたの自律も社交も覗きによって脅かされることはありません）．しかし，私たちの多くはこのような覗きは許されないと考えるはずです．そうなると，自律とは無関係なところでも自分に関する情報へのアクセスを制限したいという欲求が，私たちにあることになるでしょう．

　自由・自律，社交を含め，情報プライバシーの価値を何か別の価値に基礎づける立場は，プライバシーの道具主義的理解と呼ばれます[12]．この時，情報プライバシーは何か別のものから価値を引き継ぐ形でしか，価値あるもの

とみなされません．私たちが求めるに足る重要性をその外部に依存する価値を「道具的価値」と言いますが，道具的価値しかもたないものは目的となる価値が実現されなければ求められません．したがって，この場合，自律と無関係なアクセス制限には何の価値もないということになります．しかし，先の覗き見の例などを考えると，情報プライバシーには自由・自律に依存しない価値，ひいては外部に依存しない，それ自体としての固有の価値があると言えるようにも思えます．このような，他のもののゆえに重要なのではない，内在的価値としての情報プライバシーという考えを次に見てみましょう．

(2) 気恥ずかしさとしての情報プライバシー

仮に情報プライバシーが内在的価値をもつとしても，それが侵害されたと知るには，情報プライバシーとは独立の，何らかの指標が必要です．というのは，現代社会において私たちは完全な情報プライバシーをもちえない，という点に先ほど触れました．そうなると，私たちは意味のある情報プライバシーの程度を見定めなければならなくなるわけですが，その程度を当の情報プライバシーだけでは決定できないためです．この点は，程度をもたない人間の尊厳などが内在的価値をもつ場合と少し異なります．

このような指標は，J・レイチェルズがジョン・バースの小説『旅路の終わり』の一節を引き合いに紹介した「気恥ずかしさ」に求めることができるかもしれません[13]．つまり，私たちにとって困る情報プライバシーの侵害を，いわば「気恥ずかしさ」を目印に知るというわけです．小説とはやや異なり

---

12) この立場の代表はJ・J・トムソンです．プライバシーは所有権などの他の権利に還元可能な「法的権利の束」だと彼女は主張し，初期の論争に大きな影響を与えました．Thomson, J. J., The Right to privacy. *Philosophy and Public Affairs*, 4: 295-314 (1975).

13) Rachels, J., Why privacy is important. In *Computers, Ethics & Social Values*, Deborah G. Johnson & Helen Nissenbaum (eds.), Prentice Hall, 1995, pp. 351-357.

ますが，それをパロディにした事例で考えてみましょう．あなたはアパートのお隣りの奥さんと仕事の同僚で，2泊3日の社員旅行に出かけるとします．お隣の奥さんは旦那さんにその旨を告げて出かけたのですが，宿の手配の都合でその日の夜に帰宅せざるをえなくなったとしましょう．あなたと隣の奥さんがアパートの部屋に戻った時，お隣の部屋から旦那さんの声が聞こえます．二人がドアの隣の小窓からこっそりと部屋を覗くと，旦那さんは一心不乱にウクレレをかきならし，下手ながらも何か歌を歌っているようです．もし，あなたが旦那さんの立場だったらこの状況をどのように感じるでしょう．ウクレレと歌の練習は何ら恥じる趣味ではなく，奥さんも旦那さんにその趣味があることを知っていて，そのような光景を見られたからといって旦那さんへの愛情が薄れることはないかもしれません．それでもなお，旦那さんはそのように覗き見られたことを「気恥ずかしい」「バツの悪い」ことに感じるのではないでしょうか．そしてその理由と，そのような情報が知られないようにする要請が情報プライバシーの要求だというのがここでの議論です．

　さて，次にレイチェルズ自身のプライバシー理論を紹介するのですが，その前に上記の理論に対する彼の批判を見ておきましょう．彼は「気恥ずかしさ」理論を含め，上記の理論はどれも，誰かが隠すべきことをもっていたり，当該の情報を知られることで当人に不利益が生じたりするといった，特殊な状況を想定していると指摘します．そしてそれゆえに，上記の理論はプライバシーが日常的な状況においてもつ価値を理解しそこねていると言うのです．レイチェルズによると，私たちは人から当惑させられることも，不評を買うことも，他人に恥じることもないような状況でさえ，情報プライバシーを重視しています．その価値を自由や社交，気恥ずかしさに求める理論はこのような日常的な状況での情報プライバシーをどのように評価するのでしょうか．レイチェルズはこれらの理論では捉えきれない情報プライバシーの重要性を，人々の社会関係に見て取ります．

(3) レイチェルズの親密性説

　私たちは社会において他人とさまざまな関係を結びます．そして，その関係に応じて人への振る舞い方が変わってくるということも自然なことでしょう．自分の親と対面する時，同級生に接する時，友人と共にいる時，恋人と時間を過ごす時，それぞれで私たちは別様に振る舞います．この事態は，それぞれの関係における親密さから説明できます．当然，親子の関係だからといって，あらゆる人が同じように振る舞うわけではありません．仲が良い親子関係と疎遠な親子関係とでは，子が親に対する振る舞いは異なるでしょうし，それは時期によっても変化するでしょう．レイチェルズは，プライバシーはこのような多様な人間関係を維持するために重要だと主張します．

　彼が従来のプライバシー理論を「日常的な状況においてもつ価値を理解していない」と批判した点を思い出してください．たとえば，「昨日は近所にできたばかりのラーメン屋に行った」「今ロボット関係の仕事をしている」「来週妹が結婚する」といった情報は，とくに隠し立てするようなものではなく，誰に話してもべつに問題になるものではありません．しかしながら，私たちはこのような類の情報のうちのどれを，誰に，どれだけ提供する（しあう）かによって，人間関係を，すなわち相手との親密さの程度を決定することができます．私たちは友達に日常のつまらない話をいくらでもしますし，そして時には秘密を打ち明け，共有することで友人関係を築いていきます．また，そのような話ができることが，友人であることの印となるでしょう．対して，差し障りのない生活のできごとをわざわざしないのなら，それは友達ではなく，単なる知り合いの印だと言えるでしょう．逆に，この点がむしろ重要なのですが，もし私たちが人に伝える情報の種類と量をコントロールできないとするならば，私たちは自らの人間関係に大きな問題をかかえるでしょう．

　今述べた人間関係は固定された普遍的なものだと言っているのではありません．レイチェルズによれば，人と人とのかかわり方，振る舞い方の違いに

は個人間，文化間，地域間の相対性が認められますし，同じグループでも時間によって変化することもあります．しかし，重要なのは，個別の関係ひとつひとつには，それぞれにふさわしい振る舞い方と，互いのどのような知識をどの程度持つべきかの基準がその内に含まれている，ということです．そして，その基準は人間関係を構成している重要な部分なのです．レイチェルズは，この事実がなぜ私たちにとってプライバシーが重要かを説明すると言います．すなわち，自分の情報に対して誰がどれだけのアクセスをもつかを人がコントロールできないとするならば，その人は他者との社会関係を重要な仕方で構築・維持することができなくなるというわけです．彼はこのようにして，特段隠す必要のない，日常的な情報に対するアクセス制限の価値を他者との親密性のコントロールと，そこから帰結する社会関係の重要さに見て取るのです．

　以上がレイチェルズの親密性説ですが，彼の理論にはひとつ大きな見逃しがあります．それは，現代の情報技術による情報の収集や交換は，「個人に対して個人が」ではなく，「個人に対して企業（もしくはその集合体）が」という形でなされているという点です．たとえば，私たちの検索履歴は検索サービス会社に，買い物履歴はインターネット・ショッピング会社に自動的に収集されています．これらに基づいて，時々「あなたへのおすすめ」といったメールが届いたりするわけですが，これらは表面的には私たちの多様な人間関係を脅かすようには見えません．おそらく，レイチェルズ以外のプライバシー理論の多くにもこの指摘は当てはまるでしょう．彼らもプライバシー侵害を訴える対象を個人もしくは政府に限定しているように見えます．現代では，商業的な情報収集と政府による情報調査が組み合わされた「アセンブラージュ・モデル」と呼ばれる情報監視の様態の可能性が指摘されています．ビッグ・データの活用が近年，民間，行政の双方で叫ばれるなか，個人の情報が日常的に意識されないままに，無目的に大量に収集され，それを後になって解析するというような情報の利用形態がこれまでの議論では想定されていなかったのかもしれません．

本節の最後ではこのような状況において個人の情報プライバシーはどのように扱われるべきなのか，そしてどのような仕方で保護されるべきなのかを考えてみましょう．

(4) レーガンの公共的善としての情報プライバシーと水谷らの as-if 説

さて，ここまで情報プライバシーについて四つの価値を確認しました．すなわち，自由・自律，社交性，親密性，そして気恥ずかしさを指標とした内在的価値です．もしかすると，これらのどれひとつをとっても，それだけで情報プライバシーの価値を説明するには不十分かもしれません．あるいは，これらの価値はすべて集まった「束」として価値をもつのかもしれません[14]．ひょっとすると，これらの価値のいくつかの組み合わせが情報プライバシーの価値であり，場面ごとに異なった組み合わせがそれぞれ情報プライバシーの価値を担っているのかもしれません[15]．

仮に情報プライバシーの重要性がこのように説明されるとしても，プライバシー問題については注意しておくべき点がひとつあります．それは，プライバシー問題はこれまで通常，「個人のプライバシー対公共の利益」という構図で論じられがちだったということです．たとえば，テロや凶悪犯罪の防止のために私たちの通信情報が警察などに提出される，ということは，一定の手続きさえとられれば現実に可能となっています（多くの SNS やインターネットを介したデータ保存サービスのプライバシー規定を確認してみましょう）．

---

14) 注 12 で触れたトムソンの還元主義は，まさにこうした思想です．もしそうならば，プライバシーの権利と価値はそうした権利から派生するもの以上にはなりえません（トムソンの前掲書を参照）．

15) この場合，情報プライバシーの価値は，個別事例における価値の選言（すなわち互いを「または」の関係で結んだもの）の総体となります．この観点では，個別事例の価値同士は，家族のように，互いに少しずつ似ているもののまったく同一ではありません（このような関係を「家族的類似性」と言います）．プライバシーの価値をこのような家族的類似性を用いて説明することも可能かもしれません．

この時，私たちは「安全のためなら仕方がない」と自分の情報プライバシーの保持にそれほどこだわらないかもしれません．前出の仲正も，情報プライバシーは「付加価値的な権利」だと論じています．すなわち，プライバシーは生活に必須な価値ではなく，生活の余裕の上に可能になるような芸術作品のようなものなのだからほどほどに意識しておきましょう，というわけです．

仲正がこのように考える背景には彼が「プライバシーのジレンマ」と呼ぶ状況があります．すなわち，プライバシーの内実や価値を定義しないままに放置すると，自己情報がとられ放題になる一方で，情報プライバシーを徹底して守ろうとすると政府による情報監視を招きかねない，という事態です．このような状況をふまえて，彼は明確に定義づけられたプライバシーを保持することはそもそも不可能だと考えているのです．とはいえ，来るロボット共生社会においては，インターネットの利用やロボットからのサービスを受けるために，必然的に私たちの情報が収集されることになります．私たちの安全だけでなく，このような目的のためにすら私たちは情報プライバシーをあきらめなければならないのでしょうか．

これについては，プリシラ・M・レーガンが警鐘を鳴らしています[16]．彼女は，プライバシー問題は先に述べた「個人のプライバシー対公共の利益」という構図で考えるべきではないと批判します．このような構図の場合，たとえば先のテロの事例が顕著ですが，個人のプライバシーに分が悪いように見えます．プライバシー問題がこの構図で捉えられる限り，私たちのプライバシーは「何か公共の利益が問題になるなら脅かされる」という条件つきのものにしかなりません．

大勢の市民の安全のためなら仕方がない．それでは，たとえば，介護サービスや生活保護の提供，消費税の軽減税率導入のような社会福祉の円滑化が引き合いに出された時はどうでしょう．私たちのプライバシーの権利はなし

---

16) Regan, P. M., Legislating privacy : Technology. In *Social Values, and Public Policy* (2nd ed.), University of North Carolina Press, 2009.

くずしにされていくのでしょうか．プライバシーをあくまでも個人の問題と考えている限り（また今後の情報技術の進展をあわせて考えるなら），その公算は高いように見えます．しかし，彼女によれば，これは情報プライバシーの重要性を考える上で非常に誤った考え方なのです．というのは，プライバシーは単に個人のもつ権利（およびそこから得られる利益）としてのみ考えられてはならず，私たちのプライバシーの総体として，すなわちプライバシーの保護が社会全体にもたらす利益として考えられなければならないからです．つまり，情報プライバシーは「公共的な善」なのです．

　これは，プライバシー問題は「個人対公共」の対立問題ではなく，二つの異なる公共の利益同士の比較の問題だということを意味します．個別事例において情報プライバシーを侵害していいかどうかを論じる際には，そのような事態が社会の誰にも生じうる可能性を考え，その可能性を市民が意識することによって失われる利益を考慮しなければなりません．また，こちらがより重要かもしれませんが，現に情報プライバシーを喪失している場合には，自らの現状をふりかえり，自分と同じ状況が社会のすべての人に生じているとしたら，それがどれだけの不利益をもたらすかを考えなければなりません．2種類の社会的利益の衝突こそが，プライバシー問題の本質なのです．

　何か記録を残さずには私たちが何もできないような世界は，自由が重要な仕方で失われた社会だとレーガンは言います．情報プライバシーが脅かされる可能性を感じながら生きる社会，収集された情報が誤った仕方で使われる可能性を常に秘めた社会，加えて情報監視の問題を抱えた社会．このような社会で失われている私たちの利益とはどれほどのものでしょう．プライバシー問題を考える際には，個人の利益ではなく，失われる自由に対する私たちの利益を念頭に置く必要があるのです．

　とはいえ，ここで大きな問題に突き当たります．すなわち，情報化社会において，ひいてはロボット共生社会においては，自分に関する情報に対して誰がどの情報にアクセスできるかを決定することは，ほとんど不可能な事実となっているということです．私たちが自分にかかわる情報について物理的

に，そして技術的にアクセスの制限を設けることは非常に重要なことです．しかし，どれだけ念入りに対策しても，それが意図しないところで乗り越えられる可能性は常にあるのです．ここで，物理的もしくは技術的なアクセス制限の要請をプライバシーの規範的要請だとするならば，その意味でのプライバシーはほぼ無意味なものになってしまうでしょう．

　この問題はどのように解決すべきでしょうか．多くの理論は情報プライバシーの新しい意味・内実を考えることでこの問題を解決しようとしています．しかしながら，ここではそのような最新理論の検討を行うことはせずに，別方向からのアプローチとして，水谷雅彦らの as-if 説[17]を紹介したいと思います．水谷は，J・ドーセイ，J・H・ムーアとともに，情報化社会における先のような情報をかんがみて，規範による情報プライバシーの保持という考えを提唱します．たとえば，あなたが繁華街に遊びに出かけた時に，たまたま知り合いの浮気の現場を目撃したとしましょう．この時，あなたはこのことを他の友人に触れて回る（そしてそのゴシップを楽しむ）ことは許されるでしょうか．もしかすると，「周りに誰がいるか注意していない知り合いが悪い」（すなわちアクセス制限をかけていなかった向こうが悪い）と考えることもできます．しかし，もしあなたが浮気の現場を目撃したのが繁華街ではなく，仮にあなたがホテルの従業員だとして，勤務するホテルの中だったらどうでしょう．あなたはその現場を「見なかったことにする」必要があるのではないでしょうか．

　水谷らは，相手に対してこのような儀礼的・役割的無関心をよそおう義務がプライバシーの要請のひとつだと考えました．もちろん領域に応じて必要な物理的・技術的アクセス制限は異なり，それをしっかりとする重要性を彼らは指摘しています．しかし，それでも漏れ出てしまう自己情報について，周囲の人が「あたかも当人にアクセスコントロールがあるかのように振る舞

---

17) Mizutani, M., Dorsey, J. and Moor, J. H., The internet and Japanese conception of privacy. *Ethics and Information Technology*, 6 : 121-128 (2004). 以下の引用もこれによります．

うことを期待する」ことが規範的なプライバシーの意味だと彼らは主張するのです．彼らはバーテンダーの例を挙げて，「バーで客から聞いた情報についてはそれを（本人を含め）誰かに言ったり，その情報に基づいた行動をとったりしてはならない」という規範があると言います．「バーテンダーは客から，そして客について見聞きしたことを知らない『かのように』（as if）振る舞うものだと信頼されている」ということです．この事例はバーテンダーに関する文化的な要請ですが，類似の規範が他の役割，たとえばウェブ・サーバーの管理者などにも情報化社会では求められていると水谷らは指摘します．

　まとめるなら，プライバシー問題においては，「アクセスコントロールが実際にできている」という事実のみが重要なのではなく，実際にできない場合には周囲の人間が「あたかもその人にアクセスコントロールがあるかのように振る舞ってくれる」という事態もまた重要だということです．ただ，現状でこのような規範が一般的に成り立っているかは大いに疑問です．水谷らは物理的にではなく規範意識によってプライバシーが成立している状況を，日本のプライバシー事情，たとえば障子越しで聞こえた話については「聞かなかったかのように振る舞う」といった事例に基づいて説明しています．しかしそれが成立するのは「遠慮」と「甘え」という日本独特の価値観に基づいてのことだとしています．逆に，今の日本には少年犯罪について実名報道をしない法律があるにもかかわらず，インターネット等で少年の個人情報が公開されてしまうという事態が，規範に基づくプライバシーが機能していない事例として取り上げられています．これらの点を考えると，as-if の規範がすべての人に情報プライバシーの道徳的要請を課すと言えるためには，何か別の規範なり価値観なりが必要のように思われます．ただ，ウェブサイトのサーバー管理者や，ホテルや飲食店の店員にこの種の規範がかなりの程度浸透しているのと同程度に，ソーシャル・ロボットの管理者にもこのような「守秘義務」のような儀礼的無関心が要請されるべきだとはいえるでしょう．

　そのような業務に携わらない一ユーザーの私たちについても，規範遵守に

よるプライバシーの保護はある示唆を与えてくれます．たとえば，何らかのアクシデントや過失によって自分に関する重要な情報が流出した場合に，それが無際限に転売やSNSで拡散されるよりは，皆が「見なかったこと」にして消去してくれるような社会の方が好ましいと私たちは考えるでしょう（もちろん，拡散を技術的に抑えるというのはより重要な方策です）．これは，as-if規範が守られている社会の方がそうでない社会よりもよいのなら，私たちはそれを社会的善として受け入れる余地を示していると思われます．水谷らの説のもつ重要な示唆とは，規範によって情報プライバシーが守られる事例があり，加えて，私たちの情報プライバシー意識が向上して規範の遵守と期待が高まればより好ましい社会が実現できる，ということです．

　2016年の現段階で，さまざまな電子機器やアプリケーションの利用によって私たちについての情報はかなりの程度収集され，記録されています．市民の情報プライバシー意識の向上の必要性は前世紀末から主張されてきましたが，事実としての私たちの情報プライバシーはなし崩しにされていく一方です．ロボット共生社会に移るにあたり，情報プライバシーの価値とそこで果たす道徳の役割をもう一度考え直す必要性があることを，水谷らの説は教えてくれます．

6-4　ロボット共生社会における情報プライバシー

　ここまで，情報化社会におけるプライバシー理論を見てきました．そのなかで情報プライバシーがもつ価値や，自己情報へのアクセス制限が完全には保てない現実で情報プライバシーを維持する方法を確認しました．では，これらのことがらがロボット共生社会におけるプライバシー問題にどのようにかかわるのかを，最後に考えてみたいと思います．

　ロボット共生社会に関してまず押さえておくべきは，本章冒頭で触れたように，ロボットを日常的環境で適切に動かすためには，利用者と環境につい

ての膨大な量の情報を，ネットワークを介して収集，蓄積，交換する必要があるという点です．それゆえに，ロボットによるサービスが前提となった社会に生きる以上，情報プライバシーを事実の問題として要請するなら，それは逆に私たちのプライバシーの喪失を意味することになります．とはいえ，このような状況をむやみに恐れる必要はまったくありません．前節までの説明を理解いただけた人にとっては，自己情報の収集量の増加がそのまま情報プライバシーの減少にはならないということがわかるはずです．プライバシーを適切に理解することは，ロボット共生社会の適切なイメージを作る第一歩だと言えます．

　それでは，情報プライバシーの価値についての議論を再度確認しましょう．前節では，自由・自律，社交性，親密性そして内在的価値を確認しました．ここではどれかひとつに特定することなしに，これらをすべて含むような価値，すなわち家族的類似性で結びついている総体としての価値を想定しておきましょう．もし情報プライバシーがこれらの価値ゆえに重要なのであれば，プライバシーが問題になる場面でも，そこで重視される価値が損なわれない限り，自らの情報が収集，交換されても問題がないことになります．すなわち，ロボットの提供するサービスを受けることで自由が制限されたり，他者との人間関係に問題が生じたりしないのであれば，また情報プライバシーそのものが重視される場面で気恥ずかしさのような感情を感じることがないのであれば，ロボット・サービスをプライバシーへの脅威だととらえる必要はないということです．そして，現状でも実際には多くのロボット・サービスが情報プライバシーを意識して設計されていますし，今後設計の中にプライバシー保護を組み込むことが主流になっていくでしょう[18]．

　とはいえ，私たちの情報が実際に収集されていることについて，不安や違

---

18) A・カヴォキアンは「プライバシーバイデザイン」として七つの原則を挙げ，このような考えを提案しています．たとえば，Cavoukian, A., *Privacy and Drones : Unmanned Aerial Vehicles*. Ontario : Information and Privacy Commissioner（2012）を参照してください．

和感を抱く人がいるかもしれません．この「不安感」がプライバシーにとっての大きな脅威になることがあります．M・フーコーは著書『監獄の誕生──監視と処罰』[19]の中で，パノプティコンという監視施設を例にとり，「恒常的監視を可能にするのは実際の監視そのものではなく，監視の可能性の意識だ」という重要な指摘をしています．加えて，私たちは監視の可能性を常に意識させられ続けると，監視者のもっている行動評価基準を無意識に内面化し，多数派迎合的な傾向をもつようになるとも彼は言っています．これに加えて，情報監視には誤った情報によって不利益を被ることや，差別目的で情報を濫用される可能性があるという害悪があります．これらの点を考えると，ロボット・サービスのために自己情報が収集されることはやはり脅威だとみなされるかもしれません．

この不安に対しては，水谷らの理論が役に立つかもしれません．すなわち，私たちが情報プライバシーを維持しているかのように振る舞い，それが規範として保持されているという期待が社会の中で高まれば情報監視の脅威は和らぐように思われます．というのは，この規範としての情報プライバシーには，「知りえた情報であっても，求めがない限りあたかも知らなかったかのように振る舞う」という規範が含まれているからです．ロボットの利用への同意がそのまま無制限のアクセス許可を意味することがないように，情報の収集にではなく，むしろロボット管理者の情報の利用に制限を課すことで，情報収集と情報監視とを区別することが可能になるでしょう．また，ロボットに関係するシステム管理者には，関係のない人に対する厳重なアクセス制限の義務だけでなく，バーテンダーのような儀礼的無関心が期待されます．それに加えて，情報の流出などがあっても，社会全体の情報プライバシー意識が高まって，私たちがこの期待に信頼を置けるなら，監視の脅威はいっそう弱まるでしょう．もしかすると，ロボット自身についてもこの種の期待が

---

[19] M・フーコー著，田村俶訳『監獄の誕生──監視と処罰』新潮社，1977 年（Foucault, M., *Surveiller et Punir : Naissance de la Prison*. Gallimard, 1975）．

求められるかもしれません．すなわち，本人のあずかり知らないところで収集された情報に基づいて，積極的に振る舞わないようにロボットを設計する必要が出てくるかもしれないということです．

　もし，私たちのプライバシーに対する関心が変化するなら，それに応じた法規制が求められるというのは自然な流れのように思われます．個人情報保護法のような事業者に対する法律のみならず，個人に対する法的規制も考えられるようになるかもしれません（当然それには私たちのプライバシー意識の高まりが必要です）．いずれにせよ，情報利用に対する私たちの信頼と安心感をバックアップする法律が要請されるように思われます．

　水谷らの説に関連して思い出すのが「雪女」という昔話です．雪女に会った者は凍死させられる決まりなのですが，このお話では「会ったことを誰にも言ってはいけない」という約束つきで若い猟師が雪女に見逃されます．その後，その猟師は偶然出会った若い娘と結婚し，子どもをもうけます．そして，ある雪の降る寒い夜，猟師はたまたま昔のことを思い出し，奥さんに「昔雪女に会ったことがある」とぽつりと漏らすのです．察しの通りその奥さんは雪女なのですが，ここで問題となっているのは「猟師が秘密をばらした」という事実ではありません．なぜなら，当の奥さんはその秘密をすでに知っているからです．問題なのは「誰にも言ってはいけない」という約束を破ったことそのものであり，約束が守られるという信頼への裏切りです．ここにいたると，情報プライバシー規範を守ることは，それ自体として価値のある道徳的義務と考えられるかもしれません（どの文脈でどの情報に対してアクセスを制限／許可するかはプライバシーの価値によりますが）．21世紀のプライバシー問題においては，個人情報の法的・技術的制限に加えて，道徳の果たすべき役割がこれまで以上に高まることが予想されます．

6-5 おわりに

　本章では，第 2 節で米国におけるプライバシー権の歴史から「プライバシー権」という言葉にさまざまな権利が含まれていることを確認しました．次いで，第 3 節では，「どこまで情報プライバシーを守るか」（どの情報へのアクセスを，どのような文脈で誰に許可／制限するか）を決定する基準として，自由・自律，社交，親密性，内在的価値に基づいたプライバシー理論をそれぞれ見てきました．また，プライバシーの価値はプライバシーを個人の善ではなく公共的善と考える視点が重要なことを指摘し，その一方でサービスの利用上必然的に私的な情報を収集される 21 世紀の社会において情報プライバシーを保持するひとつの方策として，「プライバシーの"as-if"説」を提案しました．第 4 節では以上の理論を総括する形で，ロボット利用を前提とした社会において情報監視（およびその脅威）を免れる可能性を検討しました．

　情報プライバシーを単に「自己情報のコントロール」と漠然と捉えていただけでは，これからの社会にはプライバシーの喪失感しかないでしょう．プライバシーの価値を適切に理解し，また技術によらないプライバシー保持の可能性を検討することが，私たちに必要なプライバシーの実現に寄与するでしょう．

さらなる理解のために
　本文でも挙げた，仲正昌樹『「プライバシー」の哲学』（ソフトバンク新書，2007 年）は，プライバシー概念を理解し，その問題の所在を把握するための手ごろな入門書です．「プライバシー」という日本語の意味の検討からはじまり，情報化社会における情報監視のあり方と，その中で維持すべきプライバシーの価値と方法を検討しています．渡辺啓真「情報プライバシーについて」（『哲學論集』（大谷大学哲学会）第 62 号：32-55，2016 年）は現代のプライバシー理論を非常にコンパクトにまとめたサーベイ論文です．プライバシ

ーにまつわる論争の状況や近年注目される理論の概要を確認する際に重宝します．加えて，プライバシーに強い関心を持ち，理論的な理解を深めたい人には，ダニエル・J・ソローヴ著，大谷卓史訳『プライバシーの新理論——概念と法の再考』（みすず書房，2013年）をお勧めします．既存のプライバシー理論の紹介と批判，新しいプライバシー概念の捉え方，そしてソローヴの新理論を学ぶことができます．最後に，法的権利としてのプライバシー権の歴史や現在の議論の状況を詳しく知るには，宮下紘『プライバシー権の復権——自由と尊厳の衝突』（中央大学出版部，2015年）が有益です．（以上の文献は本章執筆にあたって参考にしたことを付記します．）

第7章

良いも悪いもリモコン次第？
──兵器としてのロボットについて考える

7-1 遠隔操作型兵器から自律型兵器へ

　映画『2001年宇宙の旅』の冒頭，「人類の夜明け」と題された章において，人類の祖先である猿人が動物の骨を手にしてそれを武器として使用することを思いつくという場面があります．その骨を武器に他の猿人との争いに勝利した猿人が興奮して骨を空に放り投げると，その骨が宇宙に浮かぶ人工衛星に変化したかのように映像が切り替わり，場面は未来へと転じます．テクノロジーの発展を短い時間のうちに表現した印象的なシーンです．

　SF愛好家にとっては特別な意味を持つ2001年という年ですが，現実の歴史においても2001年は記憶される年になりました．アメリカ同時多発テロ事件が起きたのです．2001年9月11日，テロリストたちが旅客機を乗っ取り，ニューヨーク世界貿易センタービルと国防総省本庁舎（ペンタゴン）に激突させ，およそ3千人もの人びとの命を奪いました．現在の国際政治の構造に決定的な影響を与えた事件ですが，軍事テクノロジーの歴史においても重要な出来事の引き金になりました．テロの直後から無人飛行機「プレデター」が，テロの首謀者と見られる人びとを殺害するために使われ始めたのです．そして同時多発テロ事件から2か月後，テロの首謀者と見なされるビン・ラーディンの側近，モハメド・アテフがアフガニスタンの首都カブール

郊外でアメリカの爆撃により殺害されました．プレデターから放たれたヘルファイア・ミサイルによってアテフが殺されたのだと見る人もいますが，真相ははっきりしていません．しかしこの作戦においてプレデターが重要な役割を果たしたことは確かです[1]．これ以後，無人飛行機はアメリカ軍そしてCIAの対テロ活動において，欠かせない要素となっていきます．

　武器開発の歴史は，敵からより大きな距離を取るための技術を洗練させる歴史でした．素手での戦闘から，棍棒，剣，槍，弓矢，銃，大砲，ミサイルと，人間はより遠くからより効果的に殺傷力を発揮する武器とそれを利用する戦術を開発してきたのです．優れた武器とは，使用者を敵の攻撃の危険から遠ざけつつ，敵には効果的な（すなわち正確かつ強力な）攻撃を当てることを可能にするものです．このテクノロジーにおける現在の最先端は，上記のプレデターに代表される遠隔操作される無人飛行機，いわゆる「ドローン」です．アメリカはアフガニスタンやイラクにおける戦闘やテロリストの暗殺にドローンを使っていますが，ドローンは衛星通信によって操作されるので，実際に操作をするオペレーターはアメリカ国内の基地にいながら作戦を遂行することができます．

　アメリカ空軍航空戦闘軍団のカーライル司令官は，ドローンを「戦場における最も貴重な財産のひとつ」と呼んでいます．現在アメリカ空軍におけるドローンの飛行をサポートする人員は，8000人に上っています[2]．ちなみに空軍に所属するパイロットは，2016年3月の時点でおよそ12800人です[3]．ドローン・オペレーターの数は増え続けていますが，それでもドローンを用いた作戦行動の増加に追いつかず，オペレーターの数は深刻な不足に陥っているそうです．ドローン・オペレーターは有人機のパイロットに比べると給与や地位の面で低い扱いを受けていましたが，空軍はその待遇を見直してき

---

1) リチャード・ウィッテル著，赤根洋子訳，佐藤優解説『無人暗殺機ドローンの誕生』文藝春秋，2015年．

2) http://edition.cnn.com/2016/03/17/politics/air-force-pilot-shortage　2016年6月21日閲覧．

3) http://www.afpc.af.mil/library/airforcepersonneldemographics.asp　2016年6月21日閲覧．

ています．それだけドローンの重要性が高まっているということでしょう．

兵器を「ユーザーが敵から距離を取るための技術」と捉える時，地球の裏側からでも精密な攻撃を可能にするドローンは，その究極の形態であるようにも思えます．しかしながら真の究極兵器は，遠隔操作されるドローンではありません．遠隔操作型のドローンを超える兵器は「自律型致死的兵器システム（Lethal Autonomous Weapons Systems）」と呼ばれるものです．キラーロボットとも称されるそれらは文字通り，人間に監督・操作されることなく人間を殺傷することができる兵器システムです．もちろん兵器システムの運用において人間がまったく関与しないということはありえないのですが，ターゲットの選定や攻撃開始の判断において「人間による有意味なコントロール（meaningful human control）」を受けないものが自律型兵器とされています．また敵の攻撃に対して自動的に反撃する防御型のシステムは含まれないものとされます[4]．「人間による有意味なコントロール」が何を指すのか，そして自律型兵器は正確にどのように定義されるのかということについては，現在国際的な議論が始まったところです．しかしはっきりしているのは，自律型兵器においてはユーザーとして特定できる人間がいないということです．したがって自律型兵器を使う時，「ユーザーと敵との距離」という概念がもはや意味をなさなくなるのです．この意味で自律型兵器は究極の兵器と言うことができます．

すでにドローンは戦争の戦われ方を大きく変化させています．そして自律型兵器はさらに劇的に戦争を変化させるでしょう．そのことに関して国際社会では活発な議論が行われています．特定通常兵器使用禁止制限条約（CCW）が主催する会議で，2013年から自律型兵器の是非が議論されています．そこでは自律型兵器の開発と使用を制限する条約を制定するべきか否か

---

4) Guizzo, E. and Ackerman, E., Do We Want Robot Warriors to Decide Who Lives or Dies?, IEEE Spectrum, 2016, http://spectrum.ieee.org/robotics/military-robots/do-we-want-robot-warriors-to-decide-who-lives-or-dies　2016年6月21日閲覧．

という点が焦点になっています．

　しかし一体，自律型兵器の何が問題なのでしょうか？　それはドローンやその他の兵器とどこが違うのでしょうか？　戦場で敵を殺傷するために自律的なロボットを使うことは，他の兵器を使うことよりも倫理的に悪いことなのか，悪いとすればそれはなぜなのか．本章ではこの問題を扱います．

7-2　戦争にも倫理はある

　ところで以上のような問いに対して，「戦争も殺人もすでにそれ自体が倫理的に悪いことなのに，特定の兵器の是非を問題にするのはおかしいのではないか？」という疑問を持つ人がいるでしょう．実際，大学の授業で私がこの話題に触れると，そのように尋ねてくる学生がしばしばいます．この疑問はもっともです．「これこれの兵器は悪いかどうか」を論じることは，裏を返せば「悪くない兵器もある」という含みを持つのであり，したがって暗に戦争を行うことを是認することになります．戦争がきわめて悲惨な人命の浪費であることは確かであり，私たちは第一にそれをなくすために最大限の努力をするべきです．だとすれば，戦争を行うことを是とするような含みを持つ議論をすること自体が，倫理的に悪なのではないでしょうか．

　私はこのような考えを否定はしません．このように考え，発言し，そして戦争をなくすために行動する人が社会には必要だと思います．しかしだからといって，倫理学が「戦争は絶対に駄目」の一言でもって戦争に関する一切の議論を打ち切らなければならないとは思いません．むしろ戦争が今も起こっている，そしてこれからも起こり続けるだろうという現実を踏まえて，それが少しでも悲惨でないものになるような道を探る人間もまた，社会には必要なのです．

　人間は少なくとも文明が誕生するころにはすでに戦争を始めており，それから現在に至るまで絶えず戦争をしてきました．現在でも戦争や紛争がなく

なる気配はありません[5]。しかしその一方で，私たちは戦争にも一定のルールを持ち込むことができることを知っています．使用してはいけない武器などについて定めたハーグ陸戦条約，捕虜の待遇や文民の保護について定めたジュネーブ条約などが，その代表的なものです．また国連憲章では，自衛以外の目的で国家が戦争に従事することを禁じています．こういった戦争に関する国際的なルールを総称して「戦時国際法」，「国際人道法」，あるいは「戦争法」などと呼びます．このようなルールは限定的ではありますが，実際に戦争の悲惨さをわずかでも軽減させることに成功してきました．もしこれらのルールがなかったら，戦争は今よりももっと悲惨なものになっていたでしょう．

　なぜこういったルールが有効なのでしょうか？　現代の国際社会においては，各国は相互の協調・協力によって大きな恩恵を受けています．ほとんどの国はもはや一国だけで国家を維持していくことはできません．国際社会が定めたルールを破ることは，その国が国際社会で孤立することを意味し，そしてそのことは国益を大きく損なうことにつながります．したがって多くの国にとって国際的に定められたルールを破ることは，合理的な選択ではないのです．現在の世界で，国際的に決められたルールを破って戦争を行うことができるのは，合理的な判断ができないか，協力による利益を失っても戦争を始めなければならないほど切羽詰まっているか，そもそも国際社会から孤立している国か，あるいは桁違いに強大で，かつ何をやっても自分についてきてくれる子分国家を従えているため，他国の非難をものともしない国かのいずれかでしょう．こういった条件に当てはまる国は現在，数を減らしています．ですから戦争をより人道的なものにするためにルールを持ち込むことは可能かつ有効であり，それゆえ「戦争法」や「戦争倫理」というものが成

---

5) ストックホルム国際平和研究所の調査によると，2015年には全世界でおよそ1兆6000億ドルの費用が軍事に費やされています（なお同じ年の世界全体のGDPは，およそ70兆ドルです）．SIPRI　Military Expenditure Database　https://www.sipri.org/database/milex　2016年12月10日閲覧．

立するのです.

　上記のジュネーブ条約や特定通常兵器使用禁止制限条約のような，戦争を行う際に守るべきルールを戦争倫理の用語では「戦争経過規制（jus in bello）」と呼びます．また国連憲章の自衛権に関する条項のように，戦争を開始する際に守るべきルールを「戦争目的規制（jus ad bellum）」と呼びます．本章で論じるのは前者の問題ということになります．

7-3　自律型兵器をめぐる賛否両論

　アメリカ国防総省は2015年までに軍の地上車両の三分の一を無人化することを議会から要求され，それを受けて国防高等研究計画局（Defense Advanced Research Project Agency : DARPA）は2004年に「グランドチャレンジ」というロボット自動車レースを開催しました．これはカリフォルニアの砂漠に設けられた200キロを超えるコースを，完全に自律的なロボット自動車によって走破させるレースでした．2007年には「アーバンチャレンジ」という，都市の中の交通がある環境でのロボット自動車レースが行われ，出場した自動車には速くコースを走るだけではなく，車線の変更，駐車，合流などの課題をこなすこと，そしてカリフォルニア州の交通法規を守ることも要求されました．2014-2015年に行われた「ロボティックスチャレンジ」では災害時の救助活動支援のためのロボット技術に関して，同様の競技が行われました．DARPAチャレンジには国内外の数多くの大学や研究所，民間企業が参加しその技術を競ってきました．このように民間企業や大学の多くを巻き込むことによって，DARPAは軍事利用できるロボット技術を集約しようとしています．

　こういった試みは戦場から人間を取り除き，ロボットに置き換える大きな試みの一部です．アメリカはすでに遠隔操作されるロボットによる爆発物の除去，ドローンによる偵察，情報の収集，爆撃などを行っています．もはや

こういったロボットやドローンなしでの作戦はありえないと，軍関係者たちは評価します．しかし今のところ，人間の監督と命令なしに致死的行動をとるようなロボット兵器に対しては，軍関係者も慎重な態度をとっています．多くの人は「人間をループの中に（man-in-the-loop）」の原則を遵守することが決定的に重要だ，と言います．すなわち「誰を殺すか」，「いつ殺すか」などの最終的な判断は人間が下すということです．

　しかしながら逆の意見を強く主張する人びともいます．現在のところ遠隔操作ロボットは人間からの命令を待たなければ致死的行動が取れません．しかし人間の命令を待っていては手遅れになる場合もあるでしょう．人工知能やロボットの性能は日進月歩で向上します．それに対して人間の認知能力・行動能力の限界を押し上げることは容易ではありません（薬物やロボットスーツによるエンハンスメント[6]によってある程度はできるでしょうが）．「人間を

---

[6]「エンハンスメント」とは，治療や健康の維持という目的を超えて，技術によって人間の能力を増強することを指し，その手段には薬物，遺伝子操作，外科手術，機械的装具などがあります．ジョナサン・D・モレノ『マインド・ウォーズ――操作される脳』（久保田競監訳，西尾香苗訳，アスキーメディアワークス，2008年．原著は Moreno, Jonathan D., *Mind Wars: Brain Research and National Defense*. Dana Press, 2006）では，脳科学・神経科学の研究を軍事に応用するさまざまな試みが紹介されています．もしそういった試みが実用化されたならば，未来の戦場においては，薬物や遺伝子操作によって恐怖や疲労や眠気を感じることがなくなり，記憶や認知能力を増強させた兵士たちが，脳神経に接続された電極を通じて兵器システムの手足となり，思考によって動かすことのできる機械的な身体を駆使して戦闘を行うことになるでしょう．

　こういったテクノロジーは，病気や怪我の治療や健康の維持を目的として使われるならば，非常に有益である可能性が高いものです．たとえば腕を失った人が，神経信号を読み取って動く機械的義肢を自分の肉体の一部のように「意のまま」に使い，さらには人工の手先から「感覚」さえも受け取ることができるようになるかもしれません．しかしながら本来人間が持ちうる能力を超えてしまうほどに人間を「改良」することに対しては，さまざまな理由から反論があります．たとえばマイケル・J・サンデルは『完全な人間を目指さなくてもよい理由――遺伝子操作とエンハンスメントの倫理』（林芳紀／伊吹友秀訳，ナカニシヤ出版，2010年．原著は

ループの中に」の原則を守っていては，システム全体の性能が人間の能力によって制限されてしまいます．つまり大きな兵器システムという鎖の中で，他の構成要素をいくら改良しても，人間が最も弱い輪になってしまい，そしてそれがシステム全体の能力の限界を決定するのです．急な敵襲があった時に，機械が自動的に反撃していれば防げていたかもしれないのに，人間の指示を待っていたために手遅れになる，そしてその手遅れによって味方の兵士や市民の命が失われるという事態は，容易に想像ができます．あるいは通信の状態が悪くて人間からの命令が機体に伝わらなかったために，味方の人命が失われるという事態も想像できます．こういった事態は機械に自律的致死的行動を取らせることによって避けることができるかもしれません．国家は最大限，自国民の命を守る義務を負います．もしも自律型兵器を使うことで守れる命を，それを使わずに失うことになるのであれば，それは国家の側の義務違反ということになるのではないでしょうか．

　人を殺すという道徳的に最も重大な帰結をもたらす判断と行動を，人工知能やロボットに完全に任せてしまうことは，たしかに倫理的に大きな問題であるように思われます．しかし正確に言って，自律型兵器の何が問題なのでしょうか？　自律型兵器に対する批判には以下のようなものがあります．

　(1)人工知能は非戦闘員と戦闘員を十分に区別することができません．したがって自律型兵器を戦闘に使うことは非戦闘員の保護を定めた戦争法に違反します．また軍事行動においては付随的損害（副次的な危害が文民に及ぶこと）が避けられない場合もありますが，戦争法は軍事的利益に比べて付随

Sandel, Michael J., *The Case against Perfection: Ethics in the Age of Genetic Engineering*. Belknap Press of Harvard University Press, 2007）の中で，人間の持つさまざまな性質や能力を「贈られたもの」としてあるがままに受け止める姿勢の重要性を主張し，遺伝子操作によるエンハンスメントがそういった「被贈与性の感覚」を破壊してしまうことを危惧しています．

　軍事とエンハンスメントのかかわり，あるいはエンハンスメントそれ自体も，倫理的に重要な問題ですが，本書では扱う余裕がありません．

損害が大きすぎるような軍事行動を禁じています．しかし人工知能には軍事的利益と付随的損害の適切なバランスというような判断は不可能です．よってこの点でも自律型兵器は戦争法に違反する可能性が高いということになります．

(2) 自律型兵器によって誤って民間人が殺された時，そのような戦争犯罪の責任は誰に帰せられるべきでしょうか？　オープンな環境の中で他の機械や人間と相互作用しながら行動する高度な自律性を持つロボットに関しては，その振る舞いが確実には予想できません．したがって設計者や司令官に責任を負わせることは難しいでしょう．ではロボットに責任を負わせることはできるでしょうか．私たちは第3章でこの可能性を検討しましたが，現時点では私たちはロボットを責任主体として考えることはできないでしょう．したがって自律型兵器は戦争犯罪に対する責任の所在を不明確にします．

(3) 戦争を始めることに対する大きな心理的障壁のひとつは，自国の兵士が危険に曝されるということです．しかし自律型兵器を使用する国は，自国の兵士を失うリスクを冒さず敵国を攻撃することができます．このことは戦争への心理的障壁を下げることになり，より多くの戦争が起こることにつながるかもしれません．

(4) 人間ではなく機械によって殺されるということは，殺される人間の尊厳を傷つけることになります．これは不必要な苦痛を与えることを禁じる戦争法に反します．

これらの議論を検討してみましょう．まず(1)について．たしかに戦争法を守りながら戦闘を行うロボットを作ることは，現状ではきわめて困難であるように思われます．自律型兵器ではなく自動運転車の例ですが，2016年5月にテスラ・モーターズ社のモデルSが自動運転機能を有効にした状態でトレーラーと衝突し，ドライバーを死亡させる事故を起こしました．これはモデルSが明るい空の背景の中でトレーラーの白い車体を認識することができなかったせいだとか，あるいはトレーラーを看板と誤認したせいだなど

と言われています．現状の人工知能がこのレベルだとすれば，投降してくる兵士と攻撃してくる兵士を十分に見分けられるとは思えません．とはいえこれは現在での技術的水準の話で，将来どうなるかはわかりません．またそれはどのような状況で自律型兵器を使うかにも依存します．

　ジョージア工科大学のロナルド・アーキンは，実際に戦争法を守りながら戦闘を行うロボットの仕組みを考案していますが[7]，彼はロボットは人間のように感情に駆られることがないので，人間の兵士よりも倫理的になりうると考えます．たしかに戦場において時として人間がどれほど残虐になりうるかということを考えると，ロボットの方がましという意見にも頷けるところがあります．アーキンの言うことが正しいのか，それとも(1)が正しいかどうかは経験的に決められることであって，自律型兵器が抱える本質的な問題とは言えません．とはいえ，少なくとも人間と同レベルで戦争法を守ることができないような自律型兵器は使用してはいけないということは確かです．

　(2)について．責任の問題は自律型兵器に限らず，現在，激しい開発競争が行われている自動運転システムに関しても議論が盛んです．これからは自律的な機械やソフトウェアがますます私たちの身近で活動するようになるでしょう．それらの振る舞いによって被害が生じた時に，その責任をどうするべきかということは，戦争という文脈を離れても議論されなければならない問題です．伝統的にはテクノロジーはあくまでも道具であり，それを用いて行われたことについての責任は，その使用者が負うというのが常識的な考えでした．しかしテクノロジーの自律性が高まり，さらにそれが道徳的行為者性を備えるようになると，「テクノロジー＝単なる道具」という常識は改訂せざるをえません．もはや「良いも悪いもリモコン次第[8]」とは言っていられなくなるのです．ひょっとしたら私たちは，これまでとは大きく異なる新しい責任帰属条件を用いた倫理的実践の慣習を発展させるかもしれません（第

---

7) Deng, Boer, Machine ethics : The robots dilemma. *Nature*, 523（7558）: 24–26（2015）.
8) アニメ『鉄人28号』の主題歌の一節．

3章参照).

　ところで自動運転で言えば，ボルボやメルセデス・ベンツなどの企業は自動運転車が事故を起こした際の責任は会社が持つということを明言しています．同じように自律型兵器を使用する国家が，「自律型兵器によって引き起こされたことの責任は国家が引き受ける」と宣言した場合，この反論の力は減じられます．ただし企業や国家のような主体が賠償責任だけではなく，刑事責任のようなものまで引き受けることが可能なのかというのは，また難しい問題ではあります．

　(3)について．私が自律型兵器の使用を検討している側であれば，「わが国は戦争目的規制（jus ad bellum）を遵守するので，そのような事態は起こらない」と答えるでしょう．現在の国際社会において，国家が戦争を行うことが正当化されるのは他国からの脅威から自国を守るため，そして他にその脅威を排除する手段がない場合に限られます．この規則を守る国家ならば，自国の兵士が死の危険にさらされないからと言ってより容易に戦争を始めるということにはならないでしょう．しかしもし領土を拡張する，資源を奪う，報復をするなどの目的で戦争を起こすことをよしとしている国家なら，たしかに自律型兵器の導入が戦争へのハードルを下げることになるかもしれません．そして現実を見ればそのようなことが起きる可能性が高そうではあります．

　(4)について．ロボットに殺される方が人間に殺されるよりも苦しいと感じるかどうかは，個人によって異なるように思います．私個人としては，ロボットに殺されるのは余計に悔しいという感覚は理解できるような気がします．そしてこれは，自律型兵器だけでなく遠隔操作型の兵器についても同様でしょう．実際，ブルッキングス研究所上級研究員で安全保障論の専門家，P・W・シンガーの著書『ロボット兵士の戦争』では，無人システムが相手の「恐怖や驚愕や気分の落ち込みを呼び起こす」（p. 446）と書かれています[9]．

---

9) P・W・シンガー著，小林由香利訳『ロボット兵士の戦争』日本放送出版協会，2010年．

イスラエルの無人飛行機に苦しめられているレバノンのある市民は,「なぜか無人偵察機の方が有人のF16よりも「もっと頭にきた」」(同上)と述べたそうです.もっとも肉体的な苦痛とは異なり,これが戦争法で禁じられる「不必要な苦痛」に当たるかどうかは必ずしも明確ではありません.

　以上の議論を見る限りでは,自律型兵器の使用が他の兵器の使用に比べて倫理的に悪いと断じる決定的な根拠はないように思います.もちろん少なくとも人間と同程度に自律型兵器に戦争法を守らせることが可能でなければ,自律型兵器を使うことは許されないでしょう.しかし上で述べたように,自律型兵器がどの程度戦争法を守ることができるか否かは経験的な問題です.その他の点に関しては,自律型兵器の問題として指摘されていることが「国家は国民の生命を守るために取りうる手段を取るべきだから,自律型兵器が利用できるならば使わなければならない」という議論を打ち消せるほどの力は持たないように思います.

　しかし上記の反論とは異なる観点に立った反論もあります.ここまでの議論はおもに自律型兵器の使用の局面に焦点を当てたものですが,自律型兵器の開発の局面に焦点を当ててみると,別の問題が明らかになります.そしてそのことを考えれば,「自国民の命を守るため」にも自律型兵器の開発・利用は控えるべきだということが言えます.

7-4　兵器開発競争への懸念

　自律型兵器がきわめて効果的な兵器になるだろうということ,そしてどこかの国が自律型兵器の開発・生産・使用を本格的に始めれば,他にもそれに続く国が現れて新たな兵器開発と軍備拡大の競争が始まるだろうということは,ほぼ確実です.人工知能の安全かつ有益な発展のための研究を支援しているアメリカのNPO,Future of Life Institute（FLI）は2015年に「自律型兵器：人工知能研究者とロボット工学研究者からの公開書簡」を公開しまし

た[10]．その中ではAI軍拡競争を始めるのは「悪いアイディア」であり，「自律型兵器は禁止されるべきだ」と論じられます．

　軍拡競争が行きつく先は，相手を壊滅させるのに十分な戦力を互いに突きつけ合う緊張状態です．もっともこのような状態が戦争を抑止するという考えもあります．これは「相互確証破壊（Mutual Assured Destruction：MAD）」という考えに基づいています．相手から攻撃を受けた時に相手に壊滅的なダメージを確実に与えることで報復するシステムを，敵対する双方の国が持っておけば，どちらの国も相手を攻撃することができない，というロジックです．なぜならばもし自分から攻撃を仕掛ければ報復を受けて，確実に自国が壊滅的なダメージをこうむることになるからです．実際に冷戦時にはアメリカとソ連の双方が相手を壊滅させるのに十分以上の核ミサイルを保有し，相手の国の主要都市に向けて発射できる状態に置いていました．しかしこの考えに基づくのであれば，最終的には世界中のすべての国々がどの国に対しても決定的なダメージを与えられるだけの核武装をする必要があります．そうでなければ核を持たない国の安全は脅かされたままです．しかし核兵器を保有する国が増えれば，それだけ誰かの気まぐれか何かの事故で全人類が滅亡してしまうリスクが増大します．

　また核によって戦争が抑止されているとしても，軍事費の問題があります．アメリカとソ連が冷戦の状態にあった，第二次世界大戦の終結（1945年）の直後からソ連の崩壊（1989年）までの間に，アメリカの軍事費は実質ベース（物価の変動を考慮した比較）でおよそ50倍も増加し，ピーク時には年間3000億ドルにもなっていました[11]．このお金がたとえば福祉のために使われていたらどうだったでしょう．一般に貧困であるということは，健康や生命に対するリスク要因です．したがって政府があることにお金を使うことは，

---

10) http://futureoflife.org/open-letter-autonomous-weapons　2016年7月30日閲覧．

11) http://www.cato.org/pubs/pas/pa114.html, http://nation.time.com/2013/07/15/cooked-books-tell-tall-tales　2016年8月2日閲覧．

人々を貧しくし生命を失わせるリスクを高める可能性があります.
　ではどれだけのコストがどれだけの生命の損失に結びつくのでしょうか. 参考になるのが政府の規制によるコストの上昇と生命へのリスクの関係を定量化することを試みたラルフ・キーニーの 1990 年の研究です. ここでは, 政府の規制によって引き起こされる 300 万から 750 万ドルのコストの上昇が一人の人間の命に相当する, と論じられています[12]. これはさまざまな仮定や推測に基づいた概算であり, またキーニーの研究は政府による規制によって上昇するコストを対象としているので, たとえば軍事費などの政府支出に単純に当てはめることはできません. それにしても当時の 3000 億ドルの軍事費が社会的なコストの削減のために使われていたならば, どれだけの生命を失わずに済んだのでしょうか. あるいは今日世界中が軍事のために費やしている 1 兆 6000 億ドルが, 貧しい人々の生活条件を改善するために使われていればどうでしょうか.
　もちろん私は, 戦争に備えるために費やされているお金がまったくの無駄遣いだと言っているわけではありません. 大規模な核攻撃を受けたならばどれほどの被害が出るかは測り知れません. 大勢の国民の生命が失われ, 長い将来にわたって健康を損なわせ, 国土は荒廃し, ひょっとすると国そのものがなくなってしまうかもしれません. 核攻撃に限らず他国から侵略されることになれば, その悪影響は非常に大きいと思われるので, そうならないための準備をすることは合理的です. しかしながら戦争に備えるということは, それが相手の警戒心と敵意を高め, 相手側の軍備の増強を招き, それゆえにますます自国でも軍備の増強が必要となる, という悪循環を生みます. 逆に双方が交渉によって戦争の準備を減らしていけるようになれば, 戦争の危険性も減じていきます. 事実, 1986 年から始まるソ連のゴルバチョフによる「新思考」に基づく外交においては核兵器の削減が実現し, 冷戦終結後の

---

12) Sunstein, Cass R., *Risk and Reason: Safety, Law, and the Environment.* Cambridge University Press, 2002.

アメリカ国防総省予算の推移（物価の変動を考慮した値，注13文献より）

1990年代は実質ベースで見ればアメリカの軍事費にも減少傾向が見られました．

21世紀になってアメリカの軍事費は再び増加しています．第二次世界大戦後のアメリカの軍事費の推移を見ると，朝鮮戦争，ベトナム戦争，レーガン政権下の軍備増強，イラク戦争（第二次湾岸戦争）の四つの山があります（上図）．その中でイラク戦争の山が突出して高く，2010年以来減少に転じてはいますが，いまだに20世紀のどの時期よりも高いレベルです[13]．自律型兵器をめぐる軍拡競争が始まれば，さらに多くの資源（お金，人材）が軍事に費やされるでしょう．ひょっとするとそれはもう始まっているのかもしれません．中国は近年，大幅に軍事費を増大させており，ドローンを含む遠隔操作型のロボット兵器の開発にも乗り出しています．アメリカ国防総省副長官のロバート・ワークは，米軍は「致死的行動を取るという判断を下す権威を機械に委譲しない」と主張しながら，しかし競争相手がそうするつもり

---

13) http://nation.time.com/2013/07/16/correcting-the-pentagons-distorted-budget-history　2016年8月2日閲覧．

である場合には「どうすれば最もよく対抗できるか決めなければならない」と語っています[14].

7-5　戦争の生態系

　革新的な兵器はしばしば，それが平和をもたらすという幻想とともに提案されてきました．潜水艦や魚雷を考案したロバート・フルトンは，それが国家間の戦争を終結させるものであると主張しました．ニコラ・テスラは船舶を遠隔操作するメカニズムの特許申請において「それが持つ確実で無制限の破壊力のゆえに国家の間に永遠の平和をもたらし維持するだろう」と書きました．湾岸戦争の時，アメリカは新しい情報技術が戦闘を「より清潔」にする，すなわち民間人の被害を出さずに軍人や軍事施設のみを破壊することを可能にすると期待していました．そして今日，自律型兵器が戦場をより「倫理的」にすると期待する人々がいます．

　しかしながら，平和を実現するために必要なのは新しい武器ではありません．上述したように，ルールを破って戦争を起こすことができるのは，合理的な判断ができない，孤立した，あるいはよほど切羽詰まった国であるか，桁外れに強大な国であるかです．平和を実現するには，どの国もこのような状況に置かれることがないようにするのが最善の方法だと思います．自律型兵器を導入することは，強い国をより強くするでしょう．そして切羽詰まった国をより切羽詰まった状況に置くでしょう．しかし軍事技術がいつまでも特定の国によって独占されないということも，歴史が教えてくれる事実なので，やがてはどの国も自律型兵器を持つようになるでしょう．そうすると自律型兵器によって得られたアドバンテージがなくなるので，人間はまたさらに強力な武器を求めるでしょう．

---

14) Guizzo and Ackerman, 前掲記事.

FLIの公開書簡では，自律型兵器は火薬・核兵器に次ぐ戦争における「第三の革命」を引き起こすだろうと言われています．軍事における革新的な発明が常にそうであったように，自律型兵器の実現と普及は戦争の戦われ方とともに，国際政治と国際経済に大きな影響を与えるでしょう．たとえばFLIは自律型兵器がテロリストや独裁者に入手・利用される危険性について言及しています．核兵器やステルス戦闘機は，テロリストが簡単に買える物でも作れるものでもありません．しかし自動車や小型のドローンに火器や爆薬を付けて人工知能で制御する自律型兵器ならば，テロリストでも簡単に手に入れることができるようになるかもしれません．そうなれば自律型兵器は未来の「カラシニコフ[15]」になるだろう，とFLIは警告します．

　さらに兵器における技術革新は，人々の戦争や戦闘の捉え方にも変化をもたらします．人間は目の前にいる相手を傷つけることには大きな心理的抵抗を感じるものです．しかし相手との物理的・心理的距離が遠くなれば，それだけ相手を傷つけることに対する心理的な障壁は低くなります．遠隔操作されるドローンでは，ユーザーと相手との物理的距離こそ大きいものの，殺傷する相手の詳細な情報，リアルタイムの映像がオペレーターに送られます．そのためかドローンのオペレーターには，深刻な心的外傷後ストレス障害[16]を発症する人が少なくないと言われています[17]．人を殺すという仕事を完全に機械に任せてしまうことは，そのような心理的抵抗を極限まで減少させるでしょう．そのことは人の命についての私たちの態度を変化させるでしょう．

　自律型兵器によって人間が直接かかわらずに敵を殺傷することができるよ

---

15)「カラシニコフ」はミハイル・カラシニコフによって1947年に開発された自動小銃AK-47の通称．旧ソ連軍で制式採用され，その後世界中に普及しました．各国の軍隊の他，テロリストを含む武装勢力によって使用されています．

16) 激しい精神的衝撃を受けたことが原因で引き起こされるさまざまな障害で，PTSDの略語でも知られます．

17) アメリカ国内で日常的な生活をおくりながら，ドローンを操作するときには戦闘に参加しているという経験がドローン・オペレーターのストレスを大きくしている一因だという説もあります．

うになり，また世界中の多くのテロリストや国際社会と協調しない独裁者がそういった兵器を手にする時，戦争のあり方は大きく変わるでしょう．しかしその変化が正確にどのようなものであるかは予測が不可能です．これはある生態系の中にそれまで存在していなかった外来生物が入ってくることにより，その生態系が予想のできない大きな変化を被る可能性があるのと同様です．結果はあるいは大破局かもしれません．ですから私たちは，戦争の生態系を劇的に変化させるような革新的な兵器の導入には慎重になるべきなのです．

資源を費やして軍備を増強する方向に向かうのは簡単です．近年の心理学などの分野で得られた知見が明らかにするところによれば，私たちの自然な認知と感情はたやすく敵と味方という対立の構図を作り，そして敵を警戒し憎悪するようにできています．そして一度そのような敵対関係が構築されれば，争いに備えること，そして場合によっては攻撃される前に攻撃を仕掛けることが「合理的」な選択になります．他方で敵対関係を信頼と友好の関係に変えていくのは容易ではありません．それは相手をよく知り尊重しようという意志と粘り強い交渉を必要とします．

人間は長い年月をかけて少しずつ，暴力が必ずしも合理的な選択ではないような環境を作り上げてきました．スティーブン・ピンカーは，人類の歴史を通じてあらゆる種類の暴力が減少しており，私たちは現在「最も平和な世界」に生きていると論じます[18]．暴力を減少させた原因としては，国家の間に取引の関係ができて相互依存性が高まったこと，理性の向上によって暴力が割に合わないということを私たちが理解するようになったことなどが挙げられています．しかしピンカーの言う通りだとしても，暴力はまだまだ減らす余地があります．前節で述べたように，私たちは巨額のお金を暴力に備え

---

18) スティーブン・ピンカー著，幾島幸子／塩原通緒訳『暴力の人類史』上・下巻，青土社，2015 年（Pinker, Steven, *The Better Angels of our Nature: Why Has Violence Declined*. Penguin Books, 2011）．

るために費やしており，そしてそれが別の用途に使われたならば多くの命を失わずに済んだはずです．だとすればその損失は間接的な暴力の被害であるということができるでしょう．世界中の国々がもっと相互に協力し合い，自分にとっての相手の重要性と相手にとっての自分の重要性を認識し，暴力を振るうことはもちろん，暴力のための準備をすることも合理的でないような環境を作ることができれば，私たちはさらに暴力の少ない世界を作れるはずです．その時こそ私たちは人類史における「理性の向上」を誇ることができます．

7-6　おわりに

　本章では自律型兵器の是非を取り上げ，その使用にはさまざまな懸念がある一方で，他の兵器の使用と比べて倫理的に悪いと考える決定的な理由はないということ，とくに「自国民の命を守るために国家は自律型兵器を使用するべきだ」という議論を無効にできるほど強い理由はないということを論じました．その一方で自律型兵器の開発を進めることはあらたな軍拡競争を招き，軍事費の拡大をもたらす懸念があるということを指摘しました．もっともこの論点はとくに自律型兵器に特有の問題ではなく，どんな兵器についても言えることです．最後に自律型兵器が比較的入手が容易であり，かつきわめて効果的な兵器であることから，戦争の戦われ方，国際関係，国際経済に大きな影響を与えるだろうということを論じました．

　自律型兵器が普及し，機械によって人の命を奪うという実践が一般化すると，人間の生命についての私たちの捉え方にも影響があるかもしれません．その影響は予測が不可能です．それゆえ私たちは自律型兵器の開発・利用には慎重でなければなりません．可能ならば国際的な合意によって自律型兵器を制限・禁止するのが望ましいことは言うまでもありません．

さらなる理解のために

　軍事ロボット技術の発展については，本文中でも参照したP・W・シンガー『ロボット兵士の戦争』（小林由香利訳，日本放送出版協会，2010年）に詳細に述べられています．加藤尚武『戦争倫理学』（ちくま新書，2003年）は戦争を倫理学的に考えるための手がかりを与えると同時に，平和を力強く訴えています．眞嶋俊造『正しい戦争はあるのか？──戦争倫理学入門』（大隅書店，2016年）は，正戦論とその限界について詳細に論じた体系的な入門書です．

　エンハンスメントをめぐる賛否両論についてはたとえば上田昌文／渡部麻衣子編『エンハンスメント論争──身体・精神の増強と先端科学技術』（社会評論社，2008年）が参考になります．

第8章

はたらくロボット
――近未来の労働のあり方について考える

8-1 創作物における「はたらくロボット」

　チェコの作家カレル・チャペックが1920年に発表した『ロッサム万能ロボット会社』という戯曲によって「ロボット」という言葉が生み出されたことは，よく知られています．ロボットの語源は，チェコ語で「(強制) 労働」を意味する robota からとられたとされます．この時からロボットは人間よりも安価で効率のよい，コストパフォーマンスの高い労働力として描かれていました．現実世界がこの戯曲のような結末に至るかどうかは別として，近年の人工知能技術やロボット技術の進歩は，近い将来にそれらが労働力としての人間と置き換えられるのではないかという予測に現実味を与えているように思われます．

　問題はそのような未来の社会が「多くの人が働かなくてもよい社会」と「多くの人が働けない社会」のどちらになるのかでしょう．さらに，仮に後者のような社会になるとしたら，その影響を緩和するためにどのような方策が考えられるでしょうか．以下本章で見て行きますが，こうした議論がすでに行われてきています．

　またロボットが労働力として社会に浸透してくるに際して考えておくべき問題は，私たちの生活に対する影響だけではありません．たとえば，アイザ

ック・アシモフの原作[1]をクリス・コロンバス監督が映画化した『アンドリュー NDR114』（1999年）では，アンドロイドとして生まれた主人公アンドリューは，自分で行ったクリエイティブな労働の対価を自分のものにすることをオーナーから認められます．このような労働者としてのロボットの権利，さらには責任についても，私たちは検討しておくべきかもしれません．なお，これらの問題は本書の第3章や第4章の議論に関連したものです．本章を読んだ後で，もう一度それらの章も読み直してみてください．

8-2 機械はなんでもできる

すでに述べましたが，近年の人工知能技術やロボット技術の進歩の速度には目覚ましいものがあります．ノーベル経済学賞受賞者であり，人工知能研究者でもあったハーバート・サイモンは1958年に，10年後にはコンピュータがチェスの世界チャンピオンに勝つと予測しましたが，その予測は外れ，IBMが開発したスーパー・コンピュータ Deep Blue が世界チャンピオンであったガルリ・カスパロフに勝利したのは1997年のことでした．

この時，将棋や囲碁でコンピュータが最高レベルの人間を超えるのには，まだ時間がかかると考えられていました．その後，2010年代に始まった将棋電脳戦によって，コンピュータソフトウェアがプロ棋士に勝てるレベルにすでに到達していることが，広く認識されるようになりました．そして2015年に Google DeepMind が開発した AlphaGo が人間のプロ囲碁棋士を破り，その次の年には最高レベルのプロ棋士にも勝ち越したことは，大きな驚きを持って報道されました．

---

[1] Asimov, I., *The Bicentennial Man* (1976). 翻訳は「バイセンテニアル・マン」として，アイザック・アシモフ著，池央耿訳『聖者の行進』（創元SF文庫，1979年）に収録されています．

これらのゲーム以外に，クイズでもコンピュータが人間のチャンピオンに勝利していますし，日本の国立情報学研究所が 2011 年に始めた「ロボットは東大に入れるか」プロジェクト[2]も，2015 年段階でセンター試験形式の模試において 5 教科 8 科目での偏差値で 57.8 となる成績を取るなど[3]，驚くべき成果をあげています．その他，人工知能が記事を作成するロボット・ジャーナリズムは，企業業績やスポーツなどのデータが中心となる分野ではすでにかなり使われているようです．

人工知能やロボットの能力が向上しているのは，知的能力だけではありません．足場の悪い道を踏破したり，さまざまな形状のものをつかんだり，といった運動能力も向上しています．また，絵画を描いたり，小説を書いたりといったクリエイティブな能力についてすら，驚くべき進歩を見せています[4]．

このような進歩を目の当たりにすると，機械はなんでもできるか，近いうちになんでもできるようになると考えたくなってきます．そうすると心配になってくるのが，これまで人間がやってきた仕事がどんどん機械に奪われて行くのではないかという懸念です．

たとえば自動運転技術が進歩すれば，バスやタクシーの運転手の需要が減るかもしれません．自動車教習所関連の仕事も大きく減るでしょう．また，これはまだシミュレーションレベルの話ですが，無人戦闘機の戦闘シミュレーションで戦闘機用人工知能がアメリカの元空軍パイロットに勝利したとい

---

2) http://21robot.org また，このプロジェクトを率いている新井紀子は，本章のテーマに関連する次のような本も書いています．新井紀子『コンピュータが仕事を奪う』（日本経済新聞出版社，2010 年）．

3) http://21robot.org/これまでの歩み　2016 年 12 月 9 日閲覧．

4) たとえば，日本経済新聞社が主催しているショートショート及び短編小説を対象とした「星新一賞」の第三回では，人工知能を使って創作された短編小説が一次審査を突破したと報道されています．（http://www.asahi.com/articles/ASJ3P644GJ3PUCLV006.html）．とはいえ，この作品には 8 割ほど人間の手が入っており，人工知能単独での創作ではないということです．

う報道もなされています[5]．パイロットの育成コストや人命が失われる可能性を考えれば，戦闘機からパイロットを排除することには大きなメリットがあります（第7章で触れた，自律型兵器の導入に賛成する議論を思い出してください）．

物流業界でも，長距離トラックを自動運転システムによって隊列走行させることができれば，必要なドライバーの数は減っていくでしょう．またAmazonのような大量の商品を管理・発送している企業は，すでにロボットを導入して倉庫をオートメーション化することによってコストの節約につなげています[6]．

企業の受付のような，人と対面的にコミュニケーションを取る必要のある仕事ですら，ソフトバンクが開発した「ペッパー」などのロボットが導入されてきています．このようなタイプの仕事へのロボット導入で最も印象的な例は，長崎のハウステンボス内にある「変なホテル」[7]でしょう．このホテルのコンセプトは次のように説明されています．

> 「変なホテル」は先進技術を導入し，ワクワクと心地よさを追求した世界初のロボットホテルです．
>
> フロントでは多言語対応のロボットたちがチェックイン・チェックアウトの手続きを行い，クロークではロボットアームが荷物をお預かり，手荷物はポーターロボットがお部屋（A棟のみ）までお運びします．どこか温かみを感じるロボットたちとの楽しいひとときに，心をくすぐられることでしょう．更に，客室前で顔認証をすれば，その後はまさに顔パス感覚．鍵の持ち運びのわずらわしさ，紛失の不安から解消されます．……[8]

このホテルの支配人は，インタビューに対して，生産性を上げるためにロ

---

[5] http://gigazine.net/news/20160630-ai-fighter-pilot-win　2016年12月9日閲覧．
[6] http://gigazine.net/news/20160701-amazon-robot-arms-race　2016年12月9日閲覧．
[7] http://www.h-n-h.jp　2016年12月9日閲覧．
[8] http://www.h-n-h.jp/concept　2016年12月9日閲覧．

ボットを導入して人件費を下げる取り組みを行っていると答えています[9]. このホテルではトラブルが生じない限り人間のスタッフの姿を滞在客が目にすることはありません. 実際に人間のスタッフの必要数は減っているのです.

8-3 技術的失業と機械との競争

とはいえ, 機械が導入されることによって職を失う人が出てくるという「技術的失業」[10]の問題は, 近年の人工知能技術やロボット技術の発達によって初めてその可能性が生じたわけではありません. 第一次産業革命による機械の導入は労働力の節約につながるために, 労働者に失業の恐れを抱かせました. イギリスでは1910年代に失業を恐れた労働者によって機械打ち壊し運動が行われました. いわゆる「ラッダイト運動」です. また, 1990年頃には現代的な技術の発展に反対する「ネオ・ラッダイト運動」が登場しています.

ロボット技術や人工知能技術によって人間の労働力が置き換えられるのではないかという最近の議論は, エリック・ブリニョルフソンとアンドリュー・マカフィーによる『機械との競争』[11]（2011年）などによって注目を集めるようになったものです. たとえば, マイケル・オズボーンとカール・フライは2013年に公表された「雇用の未来」という論文の中で, 702の職種についてコンピュータに取って代わられる可能性を検討しました[12]. この論

---

9) AIR「「変なホテル」訪問——変わり続ける労働現場」『情報処理』57（11）: 1078-1083（2016）. この論文の著者にあたるAIRは, 人工知能技術の社会的影響についての領域横断的な研究グループで, 本書の著者のうちの2名も参加しています. この研究グループについては以下のサイトを参照してください. http://sig-air.org 2016年12月9日閲覧.
10) 技術的失業については次の本を参考にしています. 井上智洋『人工知能と経済の未来——2030年雇用大崩壊』（文春新書, 2016年）.
11) Brynjolfsson, E. and McAfee, A., *Race Against the Machine*. Digital Frontier Press, 2011.

文は大きな反響を呼び，日本でも幅広く紹介されただけでなく，関連するアンケート調査などが多数行われました．

たとえば野村総合研究所は 2015 年 12 月にオズボーンおよびフライとの共同研究の成果を公表しています[13]．その研究は日本国内 601 の職種についてロボットや人工知能で置き換えられる確率を試算するというもので，10 から 20 年後には日本の労働人口の 49％が就いている職業が技術的には人工知能等により代替できるようになる可能性が高いと推計しています．また，職業ごとの代替されやすさ，されにくさについては，次のような傾向があるとされています（哲学のような知識が要求される職業は代替されにくいという結論は，本書の読者には朗報かもしれませんね）．

この研究結果において，芸術，歴史学・考古学，哲学・神学など抽象的な概念を整理・創出するための知識が要求される職業，他者との協調や，他者の理解，説得，ネゴシエーション，サービス志向性が求められる職業は，人工知能等での代替は難しい傾向があります．一方，必ずしも特別の知識・スキルが求められない職業に加え，データの分析や秩序的・体系的操作が求められる職業については，人工知能等で代替できる可能性が高い傾向が確認できました．

8-4　社会的な影響と対策

近い将来に多くの職種が機械で代替でき，人間の労働者を必要としなくな

---

12) Frey, C. B. and Osborne, M. A., The Future of Employment : How Susceptible Are Jobs to Computation? Oxford Martin School, University of Oxford（2013）．http://www.oxfordmartin.ox.ac.uk/downloads/academic/The_Future_of_Employment.pdf　2016 年 12 月 9 日閲覧．

13) https://www.nri.com/jp/news/2015/151202_1.aspx　2016 年 12 月 9 日閲覧．

る可能性が高いとしたら，私たちの社会はどのようになっていくのでしょうか．楽観的な人だったら，人間はしんどい労働から解放され，余暇を楽しんだり，クリエイティブな活動などに専念したりできると期待するかもしれません．しかしながら，人工知能やロボットが労働した結果として得られた利益が，みんなに平等に配分される保証はありません．新しい労働力としての人工知能やロボットを所有する資本家といった少数の人を例外として，多くの人が職と収入を失う可能性もあります．

　ジェリー・カプラン『人間さまお断り』[14]やマーティン・フォード『ロボットの脅威』[15]といった著作は，人工知能やロボットにより人間のための職の多くが失われ，大規模な失業や格差の拡大が生じる可能性を論じ，そうした未来を回避あるいは緩和するための社会的な方策を提案しています．別の言い方をすれば，教育や職業訓練を受けるといった個々人の努力では対処しきれない状況が生じると主張しているのです．

　では，大規模な技術的失業に対する社会的な方策として，どのようなものが考えられるでしょうか．一例として，フォードや井上智洋[16]は人々に最低限の所得を保障するベーシック・インカムの導入について検討しています．とはいえ，ベーシック・インカムの有効性そのものが議論となっており，財源をどうするか，一人当たりの給付額をどのぐらいに設定するか，まったく働かない人が増えてしまうのではないかといった論点があります．また社会からの支持という面でも，2016年6月にはスイスでの国民投票で導入が否決される[17]など，必ずしも多くの賛同が得られているとは言えないというの

---

14) ジェリー・カプラン著，安原和見訳『人間さまお断り――人工知能時代の経済と労働の手引き』三省堂，2016年（Kaplan, J., *Humans Need Not Apply : A Guide to Wealth and Work in the Age of Artificial Intelligence*. Yale University Press, 2015）.

15) マーティン・フォード著，松本剛史訳『ロボットの脅威――人の仕事がなくなる日』日本経済新聞社，2015年（Ford, M., *Rise of the Robots : Technology and the Threat of a Jobless Future*. Basic Books, 2015）.

16) 井上，前掲書．

17) http://www.asahi.com/articles/ASJ664GFBJ66UBQU009.html　2016年12月9日閲覧．

が現状です.

　このほかに検討しておくべき社会的影響としては，フォード（前掲書，306〜307 ページ）が論じているように機械による自動化が人間のスキルを損なう可能性があります．たとえばフォードは，コクピットの自動化によって全般的な安全性が高まっている反面，パイロットが実際に飛行機を操縦する時間が少なくなっているという例を挙げています．最近の話として，約 2 千万件という膨大な医学論文を学習させた人工知能が患者のがんのタイプを判断し，適切な治療法を助言することで患者の回復に貢献したという例を考えてみましょう[18]．人間の医師には，到底これだけの論文を診断の根拠として直接活用することはできないでしょう．人工知能の方が圧倒的な量のデータに基づいて判断してくれるなら，私たちは自分の病気の診断を人工知能に任せたいと思うかもしれません．そうなった場合，人間の医師の診断スキルは失われていくでしょう．少なくとも当面はこれは望ましくない事態かもしれません．人工知能に学習させるべきデータや論文を生産する人がいなくなってしまう，というのが理由のひとつです．

　とはいえ実際にはこのような事態は生じないかもしれません．人工知能が医師の代わりに診断を下すのではなく，人工知能の助言を基に医師が診断を下すという利用の仕方がなされていくだろうからです．この場合には，人工知能はあくまで医師にとっての強力な道具となるにすぎず，医師はこの新しい道具を使いこなすスキルを身につけるでしょう．また，機械の導入によって人間のスキルが失われるというのとは反対に，後継者の育成が困難等の理由で失われる可能性のある熟練工のスキルを機械に学習させることで，社会に残していく取り組みもなされています[19]．

---

18) http://www.sankei.com/life/news/160805/lif1608050002-n1.html　2016 年 12 月 9 日閲覧．
19) http://www.asahi.com/articles/ASHDW5G67HDWULZU00J.html　2016 年 12 月 9 日閲覧．

8-5 悪いことだけなのか？

前節の最後で挙げた取り組みのように，少子高齢化に伴い人口，とりわけ労働人口が減少している日本社会にとっては，労働力としてロボットを導入することが重大な社会問題の解決につながるとの期待もあります．移民政策が必ずしも国民に歓迎されていない現状を考えれば，なおさらロボットに期待するしかないかもしれません．

たとえば，経済産業省が「ロボット革命実現会議」のとりまとめとして2015年1月に発表した「ロボット新戦略」[20]では，介護が重点分野のひとつとされ，その背景として次のような状況があるとされています[21]．

2010年から2025年までの15年間で，65歳以上の高齢者は約709万人増加し，社会全体の高齢化率（総人口に占める高齢者の割合）が23％から30％に大幅に上昇すると見込まれ，地域における医療・介護ニーズの高まりが予想されている．

また，2012年から2014年には団塊の世代が一挙に高齢者になり，毎年100万人以上高齢者が増加した．これに伴って介護職員の数も2012年の170万人から，2025年には約250万人が必要とされているものの，現に従事している介護職員の7割が腰痛などを抱えるとされ介護現場の負担軽減も必要である．（p. 63）

きつい，汚い，給料が安い，いわゆる3Kの職業としばしば言われ，離職率も高い介護職での労働不足を解消するには，ロボットを活用することも必須であるように思われます．その他，原発事故現場のような人間が近づくに

---

20) http://www.meti.go.jp/press/2014/01/20150123004/20150123004b.pdf　2016年12月9日閲覧．

21) 介護施設でのロボットの利用については，第5章でも触れました．

は危険な場所での労働にも，ロボットが使われるべきでしょう．

そのほかにも，新しいロボット技術の発展と導入に伴って，これまでにない新しいスキルを必要とする新しい職業が登場してくる可能性もあります．このように，労働力としてのロボットの活用が私たちの社会にもたらすメリットも，たしかにあるのです．

8-6 ロボットにできるからといってロボットに任せたいとは限らない

とはいえ，ここでひとつ考えておくべきことがあります．技術的にはロボットや人工知能が人間の代わりにできる仕事が増えたとしても，私たちがそれらの仕事をロボットや人工知能に任せたいかどうかは，また別の話だということです．たとえば「人のぬくもり」の重要性が強調されてきた仕事について，私たちはそのように考える可能性があるでしょう．介護施設で自分の親がロボットに介護されているのを目にしたら，私たちは自分の肉親が「放っておかれている」と，その扱いに不満を感じるかもしれません[22]．もっとも，介護を受ける立場の人自身がそのように感じるかは，また別の話です．排泄に関連する世話などでは，人間よりもロボットにやってもらった方が恥ずかしくなく，気が楽だと感じる人もいるからです．また，本書の第5章での議論も読み返してみてください．

「人のぬくもり」という論点は，育児でも重要なものとなるでしょう．むしろ成長過程に影響を与える分，育児の場合の方がより懸念が大きいかもしれません．ロボットが子どもの成長や人格形成に影響を与える可能性については，すでに研究が行われてきていますが，今のところ明確な結論はないように思われます．しかしながら，子守ロボットというものを開発するならば，

---

22) 関連した例として，第4章の注4で触れている，公園でロボットを抱きながら佇んでいるおばあさんの例も読み返してみてください．

その設計段階において子どもへの影響を考慮する必要があるだろうという主張には，説得力があるのではないでしょうか[23]．

　いずれにせよ，介護や育児のような誰かをケア（世話）する仕事については，ロボットに任せることにためらいを感じる人が一定の割合いることは，不思議ではありません．これまでの介護や育児のあり方とは異なっているからです．とはいえそのようなためらいは，介護や育児の少なくともある部分でロボットなどの機械を活用することが普通のことになるにつれて，解消していくかもしれません．いずれにしても，これらは人手不足と言われる業界なので，それを埋め合わせるためにロボットの導入が検討されていくでしょう．

　現在の日本社会は，家族の成人メンバー全員が働くという方向に向かっているように思われます．そうなると介護や育児のような家庭の事柄まで手が回らなくなり，誰かに仕事としてやってもらう必要が出てくるでしょう．その誰かは，人間であるかもしれないし，将来的にはロボットであるかもしれません．そうした社会のあり方をよしとするかは，それ自体私たちが真剣に考えるに値する問題ですが，本書の目的からは外れています．

　むしろ読者にここで考えてもらいたいのは，介護や育児といった仕事の全体をロボットに任せるか任せないかと論じるのは，適切な議論の仕方ではないのではないかという論点です．先に述べたように，排泄の介助や後処理はロボットが自動でやってくれた方がいいかもしれませんが，やっぱり人にやってもらう方がよいこともあるでしょう．だとすると，あるひとつの仕事や職業で行われている作業のうち，どれはロボットに任せてよいか，どれは任せない方がよいのか，細かく丁寧に検討していくことが必要になるように思われます．とくに介護や育児のような人間を相手にする仕事では，どの作業

---

23) この論点に関しては，次の論文の 28〜29 ページなどを参照してください．本田康二郎「工学倫理とロボット倫理」『社会と倫理』（南山大学社会倫理研究所）第 28 号：21-36，2013 年．

ならロボットに任せてもよいかは相手の人一人一人によって異なってくる可能性もあることを，忘れるべきではありません．そして少なくとも現時点では，そのような細やかな検討と判断はロボットや人工知能ではできない仕事なのではないでしょうか．

8-7　労働者としてのロボットの責任と権利

　労働者にはさまざまな権利があります．したがってロボットが労働者となった場合，ロボットにも労働に関連する権利を認めるべきだという議論が出てきてもおかしくありません．また，権利の有無が論じられるなら，義務や責任の有無も同時に検討されるでしょう．

　責任や行為者性についての理論的な話は，本書の第3章ですでに説明しました．現実でも，カプランが指摘しているように[24]，人間のエージェント（代行者）としてコンピュータに基づくシステムが株式売買の契約を結ぶことなどがすでに認められています．実際，コンピュータプログラムは人間よりもはるかに高速に取引を行うことができるのです．ただし，その契約に関する責任を負うのは，そのシステムの所有者になります．

　権利の話は，第4章の道徳的被行為者性の議論とも関連しています．仮に道徳的被行為者とみなさざるをえないようなロボットが登場したならば，たとえば，とても危険な場所での作業をそのようなロボットにさせることは，そのロボットの権利に反するというような議論が真剣に行われるようになるかもしれません．人間の場合と同じように，当人（当ロボ？）の同意が必要とされる，といった議論が考えられるでしょう．現実にも，欧州議会の法律問題委員会は2016年5月末に決議案を発表し，欧州委員会に対して「少なくとも最も洗練度の高い自立的なロボットについては，固有の権利と義務を

---

24) カプラン前掲書，106〜107ページ．

有する電子人という地位を与える」可能性を検討することを求め，労働に従事するロボットについては社会保障費などをオーナーに負担させるべきという考えを示しています[25]．このような提案は今すぐ受け入れられるようなものではないでしょうが，このような議論がすでに行われているという事実は，確認しておくべきでしょう．

　日本でも2016年5月に政府の知的財産戦略本部が「知的財産推進計画2016」[26]を発表し，「人工知能が自律的に創作する創作物など新たな情報財に対応した知財保護の在り方」などに対応した次世代知財システムの構築に取り組むとしています．人工知能が創作した作品（work）に対して権利を認める可能性を検討しようというのです．もちろん，今すぐこうした権利がその作品を創作した人工知能に与えられるわけではないでしょうが．

　いずれにしても，本書の第3章や第4章での議論と同様に，将来的により高度なロボットが登場してきたら，私たちは労働者としてのロボットを社会の中でどのように位置づけるべきかという倫理問題を真剣な問題とみなさるをえなくなるでしょう．ただ，それがいつのことになるのかについては，よくわからないというのが正直なところです．

　将来的には，ロボットが同僚や上司になるという事態も生じるかもしれません．現在でも軍人が一緒に死線をくぐり抜けた地雷処理ロボットを戦友として扱っているという話がありますが，オフィスでの同僚としてのロボットにも同じような感情を抱く人が出てくるのでしょうか．また，私たちはいずれ職場の人間関係に加えて，ロボットとの関係にも悩むようになるのかもし

---

25) http://jp.reuters.com/article/eu-robot-idJPKCN0Z80B6　なお引用した翻訳記事の中で「自立的なロボット」と訳されている箇所は，翻訳元の記事ではautonomous robotsとなっており，本書での訳語だと「自律的なロボット」に相当することに注意してください．元の記事は以下のものです．http://www.reuters.com/article/us-europe-robotics-lawmaking-idUSKCN0Z72AY　2016年12月9日閲覧．

26) http://www.kantei.go.jp/jp/singi/titeki2/kettei/chizaikeikaku20160509.pdf　2016年12月9日閲覧．

れません．あるいは，自分よりはるかに高い能力を備えたロボット上司からのパワハラにも．

8-8　おわりに

　本章ではロボットや人工知能がさまざまな労働を担うようになった場合に生じる社会的あるいは倫理的影響として，人間の失業問題と労働者としてのロボットの権利と責任という二つの問題を検討しました．前者はかなり現実性のある問題として捉えられているのに対し，後者は今のところ抽象的な議論にとどまっているといってよいでしょう．いずれにしても，ロボットが社会に普及するなら，これまで以上に職場にも浸透してくるのは確実です．その意味で，職業や労働や職場といった問題もまた，ロボット倫理学にとって重要な課題なのです．

さらなる理解のために
　本章の内容に関連して読者が本書の次に読むべき文献や資料は脚注で網羅してあります．それらの文献をいくつか読んでみてください．

あとがき

　本書は倫理学に初めて触れる読者を対象に，わかりやすい説明をするということを第一に心がけ，また現代のロボットや人工知能の技術と深く関連する話題に焦点を絞っています．そのため，倫理学を網羅的に解説することはまったく目指しませんでした．この本で触れていることは倫理学のほんの一部です．倫理学にはまだまだ，知的に魅力的，かつ現実的に重要な，取り組み甲斐のある主題・問題がたくさんあります．たとえばメタ倫理学は第2章で名前が出てきただけですし，社会契約論などの政治哲学寄りの話題は本書では取り扱っていません．そのほかケア倫理学やジェンダーに関わる議論も含まれていません．本書の続編があるなら，こうした話題が含められるべきでしょう．

　またロボットや人工知能についても，考えなければならない問題はこの本で取り上げたもののほかにたくさんあります．これからも技術が発展するにつれて新しい問題が次々に現れてくるでしょう．たとえば高度な人工知能を組み込んだ機械に関しては，それが何らかの被害を引き起こしたとしても製品の欠陥を立証するのが困難であるため，製造物責任の考え方を変えていかなければならないということが指摘されています．第7章で少し触れたエンハンスメントは，ロボット技術や人工知能とも関連してこれから大きな問題になってくるでしょう．また私たちはこれからロボットや人工知能の軍事転用（いわゆるデュアル・ユース）の問題に真剣に向き合わなければならなくなるでしょう．最近では音楽，美術，文芸の分野でも人工知能の応用が始まっていますが，人工知能によって生み出された創作物の著作権も難しい問題です．

　ロボットや人工知能は「自己とは何か」とか「人間とは何か」といった哲

学や倫理学にとって最も根本的な問いについて再考する必要性を突きつけると考える人びともいます．いずれにせよロボット技術と人工知能の発展には，私たち人間がどのような存在者として，どのような社会に生きたいのかという大きなビジョンをもって対処することが重要であり，そしてそのようなビジョンを描くための議論は日本内外のあちこちで，学術分野を超え，産官学の垣根を超えて始まっています．

本書を読まれて倫理学に興味を持たれた方，あるいはロボットや人工知能に関連する哲学的・倫理的問題に興味を持たれた方が，さらに探求と思索を進めてくださること，そして将来の社会のビジョンを構築するための議論に参加してくださることを期待しています．

本書は次のような分担で書かれています．草稿を書き上げた後で，お互いの章を読み合いながら，執筆者間で何度も議論を重ねました．
　はじめに，1章，5章，7章：久木田
　2章，4章，8章：神崎
　3章，6章：佐々木
本書の企画は名古屋大学出版会の神舘健司さんが久木田に話を持ち掛けてくださったのがきっかけでした．神舘さんは本のテーマ，タイトルから，全体の方向性，章立てや章タイトルに至るまで，いろいろなアイディアを出してくださいました．また執筆者たちを辛抱強く励まし，誤りを指摘し，丁寧に校正をしてくださいました．企画の段階では金沢医科大学の本田康二郎さんにも本書の方向性や全体の構成を考える議論に参加していただきました．本書のタイトルは伊勢田哲治先生のご著書『動物からの倫理学入門』の二番煎じです．伊勢田先生はこのタイトルを使うことを許可してくださった上に，推薦のことばもお寄せくださいました．京都生命倫理研究会では本書の草稿を発表する機会を頂き，参加者の皆様からご意見と批判を頂きました．名古屋大学の福原慶子さん，北海道大学の西條玲奈さん，吉備国際大学の大谷卓史さんには草稿を読んでいただき，助言を頂きました．名古屋大学からは学

術図書出版助成を頂きました．また本書は日本学術振興会科学研究費助成事業の助成金 JP25370033（基盤研究（C），課題名「工学的関心に則したロボット倫理学の構築」，研究代表者：本田康二郎），JP16H03343（基盤研究（B），課題名「日本型「ロボット共生社会の倫理」のトランスディシプリナリーな探求と国際発信」，研究代表者：神崎宣次），JP16H03341（基盤研究（B），課題名「科学に基づいた道徳概念のアップデート」，研究代表者：久木田水生）を受けた研究成果の一部です．皆様に感謝いたします．ありがとうございました．

2017 年 1 月

執筆者を代表して　久木田　水生

索引

A-Z

AIBO　105
AlphaGo　168
as-if説　135, 138
Deep Blue　168
Future of Life Institute (FLI)　158, 163
Jibo　106
PALRO　106
Twitter　116

ア行

アーキン，ロナルド　156
アクセス制限　126, 129, 134, 138, 140
アシモフ，アイザック　4
アセンブラージュ・モデル　134
アンダーソン，スーザン・L　11
一応の義務　42
井上智洋　173
ウィノグラード，テリー　10
ウィンフィールド，アラン・F・T　8
ウェスティン，アラン・F　124
ウォーレン，Sとブランダイス，L・D　123
ウルフ，スーザン　81
エンハンスメント　153
応用倫理学　v, 25
岡田美智男　112
オズボーン，マイケル　171

カ行

外的障害不在の自由　59
快楽計算　32
家族的類似性　135, 141
カプラン，ジェリー　173
環境倫理学　91, 94
『監獄の誕生』　142
感情　14
感情労働　106
カント，イマヌエル　57, 59, 77
カント主義（的）　38, 129
『機械との競争』　171
機械倫理　11
帰結主義　28
記号接地問題　18
記述的意味（プライバシーの）　126
技術的失業　171
記述倫理学　v
気恥ずかしさ　131, 141
規範的意味（プライバシーの）　126, 128, 130
規範倫理学　v, 25
義務論　28
客体への態度　61, 81
究極的コントロール（不在）　69-71, 74
局所的コントロール　74
儀礼的無関心　138, 139, 142
記録社会　121
ゲイビソン，ルース　126
ケイン，ロバート　70, 72
決定論　58, 59, 66, 67, 70, 71
幻想主義　71, 75-78
行為　56, 57
行為者　56
行為者性　56, 57, 72-74, 78
公共的な善　137
公正情報取扱慣行の原則（FIPP）　125
幸福　29
効用　30
功利主義　28
功利性　30
功利性の原理　30
古典的両立論　59, 69
「雇用の未来」　171
コンパニオン・ロボット　105

サ行

サール，ジョン　17
最大幸福の原理　30
サイモン，ハーバート　168

自己形成行為　70, 74, 75, 77
自己決定　128
自己決定権　124
自己情報コントロール権　124
自然法則　58, 59
自動運転車　37, 52, 79, 155
社交（性）　129, 141
自由意志　57-59, 69-71, 75, 77, 78
自由意志実在論　59, 70, 71, 77, 78
自由意志問題　58
自由・自律　129, 141
種差別　94
衝突最適化問題　37
情報化社会　121, 137, 139, 140
情報監視　134, 136, 137, 142
情報プライバシー　127, 128, 131
自律　58, 77, 141
自律型致死的兵器システム　149
自律型ロボット　51
シンガー, ピーター　91, 92, 99
シンガー, P・W　155
シンギュラリティ（技術的特異点）　100
人工道徳　11
人工道徳的行為者　4
心身二元論　9
親密性（さ）　133, 134, 141
親密性説　133
ステークホルダー　29
ストローソン, ピーター・F　60-62, 67, 75, 76
スパロー, ロバート　78, 108, 111
スマートフォン　115
スミス, アダム　14
スミランスキー, ソール　71, 74-78
正　26
性格論法　72
製造物責任　79
責任　53, 54, 78
責任を引き受ける態度　66-68, 73, 75
セラック25事件　78
善　26
戦争経過規制（jus in bello）　152
戦争犯罪に対する責任　155
戦争目的の規制（jus ad bellum）　152
戦争倫理　151
相互確証破壊　159

ソーシャル・ネットワーキング・サービス　115
ソーシャル・ロボット　52, 78, 79, 105, 119
損害賠償　55
孫正義　106

タ　行

タークル, シェリー　78, 109, 114, 117
対人的関係　60, 61, 67, 73, 75, 80, 81
対人的態度　60, 81
ダマシオ, アントニオ・R　15
チャペック, カレル　167
中国語の部屋の論証　18
チューリング, アラン　17
チューリング・テスト　17
デカルト, ルネ　10
適度な理由反応性　62, 64, 65, 73
デネット, ダニエル・C　72
道具的価値　131
道徳的義務　39
道徳的行為者（性）　56-58
道徳的責任　54, 55
道徳的被行為者（性）　57, 81, 85
動物機械論　86
『動物の解放』　92
動物倫理学　91
徳倫理学　43
トムソン, ジュディス・J　131
ドリスコル, ヘレン　106
ドローン　148
トロッコ問題　37

ナ　行

内在的価値　131, 141
仲正昌樹　129, 136
二次的なルール　34
『2001年宇宙の旅』　147
日常的な道徳観　33
人間の尊厳　89
「人間をループの中に」　153
ネオ・ラッダイト運動　171

ハ　行

ハード・デターミニズム　59, 71, 74, 76-78
賠償責任　79
パノプティコン　142

パロ　106
反応的態度　60, 61, 67, 75-77, 80
非対称の自由　81
ビッグ・データ　121, 134
ヒューム, デイヴィッド　14
ビュリダン　16
ビュリダンのロバ　16
非両立論　59, 69, 70
ピンカー, スティーブン　164
フィッシャー, J・Mとラヴィッツァ, M　62, 65-67, 75, 77
フーコー, ミシェル　142
フォード, マーティン　173
付随的損害　154
普遍性　40
普遍的因果的決定論　58, 70
フライ, カール　171
プライバシー権　122
プライバシーのジレンマ　136
プライバシーの道具主義的理解　130
プライバシーバイデザイン　141
プライバシー法　125
ブリージール, シンシア　106
ブリニョルフソン, エリック　171
フレーム問題　8
プレデター　147
プロッサー, ウィリアム・L　123, 124
ペット・ロボット　105
ペッパー　105, 170
ベンサム, ジェレミー　29-31, 93
変なホテル　170
放っておいてもらう権利　123, 127

マ　行

マカフィー, アンドリュー　171
松本光太郎　112
水谷雅彦　135, 138-140, 142
ミラー, アーサー・R　125
ムーアの法則　120
無人飛行機　145
メカニズム　64-66, 69, 70, 72-74, 76
メタ倫理学　v, 25

ヤ・ラ・ワ行

誘導的コントロール　62, 66
ラッセル, バートランド　14
利己主義　32
利他主義　32
リバタリアニズム　59
理由受容性　62, 63, 66, 67
理由対応性　62-64, 66, 67
理由反応性　62, 68
両立論　59, 66, 68, 69, 73, 77, 78
レイチェルズ, ジェイムズ　130-134
レヴィ, デイヴィッド　106
レーガン, プリシラ・M　135-137
レオポルド, アルド　95
ロウ対ウェイド判決　124
『ロッサム万能ロボット会社』　167
ロボット権　83
ロボット工学三原則　4
ロボットに対する責任　83
ロボットの権利　83
『わたしはロボット』　4

《著者紹介》

久木田水生（くきたみなお）
1973 年生まれ
2002 年　京都大学大学院文学研究科博士後期課程研究指導認定退学
2005 年　京都大学より博士（文学）を取得
現　在　名古屋大学大学院情報学研究科准教授

神崎　宣次（かんざきのぶつぐ）
1972 年生まれ
2004 年　京都大学大学院文学研究科博士後期課程研究指導認定退学
2008 年　京都大学より博士（文学）を取得
現　在　南山大学国際教養学部教授

佐々木　拓（ささきたく）
1976 年生まれ
2004 年　京都大学大学院文学研究科博士後期課程研究指導認定退学
2008 年　京都大学より博士（文学）を取得
現　在　金沢大学人間社会研究域人間科学系准教授

ロボットからの倫理学入門

2017 年 2 月 28 日　初版第 1 刷発行
2020 年 6 月 10 日　初版第 2 刷発行

定価はカバーに表示しています

著　者　久木田水生
　　　　神崎　宣次
　　　　佐々木　拓

発行者　金山　弥平

発行所　一般財団法人　名古屋大学出版会
〒464-0814　名古屋市千種区不老町 1 名古屋大学構内
電話 (052)781-5027／FAX(052)781-0697

Ⓒ Minao Kukita et al., 2017　　　　　　　　Printed in Japan
印刷・製本　㈱太洋社　　　　　　　　ISBN978-4-8158-0868-6
乱丁・落丁はお取替えいたします。

JCOPY 〈出版者著作権管理機構　委託出版物〉
本書の全部または一部を無断で複製（コピーを含む）することは、著作権法上での例外を除き、禁じられています。本書からの複製を希望される場合は、そのつど事前に出版者著作権管理機構 (Tel：03-5244-5088, FAX：03-5244-5089, e-mail：info@jcopy.or.jp) の許諾を受けてください。

W. ウォラック他著　岡本慎平／久木田水生訳
ロボットに倫理を教える
―モラル・マシーン―
A5・388頁
本体4,500円

伊勢田哲治著
動物からの倫理学入門
A5・370頁
本体2,800円

黒田光太郎／戸田山和久／伊勢田哲治編
誇り高い技術者になろう ［第2版］
―工学倫理ノススメ―
A5・284頁
本体2,800円

S. ジェイムズ著　児玉聡訳
進化倫理学入門
A5・336頁
本体4,500円

伊勢田哲治／戸田山和久／調麻佐志／村上祐子編
科学技術をよく考える
―クリティカルシンキング練習帳―
A5・306頁
本体2,800円

小林傳司著
誰が科学技術について考えるのか
―コンセンサス会議という実験―
四六・422頁
本体3,600円

H. コリンズ／R. エヴァンズ著　奥田太郎監訳
専門知を再考する
A5・220頁
本体4,500円

森際康友編
法曹の倫理 ［第3版］
A5・466頁
本体3,800円

L. マーフィー／T. ネーゲル著　伊藤恭彦訳
税と正義
A5・266頁
本体4,500円

石川文康著
良心論
―その哲学的試み―
四六・296頁
本体2,800円